AF345674

# COMPLIANCE

TODO LO QUE NECESITAS SABER
SOBRE EL CUMPLIMIENTO NORMATIVO

ELENA MORENO
CLARA DEL HOYO
JUAN CARLOS SÁNCHEZ

www.compliance.guiaburros.es

Si después de leer este libro, lo ha considerado como útil e interesante, le agradeceríamos que hiciera sobre él una **reseña honesta en cualquier plataforma de opinión** y nos enviara un e-mail a **opiniones@guiaburros.es** para poder, desde la editorial, enviarle **como regalo otro libro de nuestra colección.**

# Sobre los autores

**Elena Moreno,** es abogada en ejercicio desde hace más de diez años en los cuales ha desarrollado su trabajo, el que dice ser su pasión, desde el punto de vista de la confianza del cliente, intentando dar lo mejor de ella y solucionando, lo más eficazmente los problemas que se la plantean. A lo largo de su vida laboral, en la que inicialmente trabajó como oficial de procurador del gran Anibal Bordallo, pudo aprender todo lo necesario en su relación con los juzgados y tomar conciencia de que su sitio estaba dentro de la abogacía para poder defender ella directamente a sus clientes en sala.

**Clara del Hoyo,** es graduada en Derecho y pertenece al equipo de Juridicum. Desde un primer momento se decidió por estudiar Derecho por su utilidad en la vida cotidiana, no solo por los conocimientos que aporta, sino por la gran ayuda que procura a la hora de resolver conflictos en la sociedad.

**Juan Carlos Sánchez,** es abogado en ejercicio desde hace cuarenta años y ha prestado sus servicios profesionales en varias sociedades del ámbito inmobiliario. En la actualidad continua en el ejercicio profesional desde su despacho en Madrid.

# Agradecimientos

*Agradezco sin lugar a dudas su apoyo y enseñanzas a mi madre la cual no para de darme lecciones de vida en el ámbito personal y profesional y sin la cual no habría llegado a donde estoy ni a ser como soy. A mi pareja y amigo con el que siempre puedo contar para lo bueno y para lo malo y a mi pequeña que me hace sonreir todos los días. A todos los compañeros con los que puedo contar en el día a día y en especial a mis compañeros de despacho con los que siempre estamos al pie del cañón para intentar ofrecer lo mejor de nosotros.*

Elena Moreno

*Agradecer a mi familia y amigos por apoyarme y alegrarse de todo lo que voy consiguiendo, y a mis compañeros de trabajo por ayudarme en mis primeros pasos hacia este bonito mundo del Derecho.*

Clara del Hoyo

*Agradezco su constante apoyo a mi amigo y compañero Jose Luis Cepeda.*

Juan Carlos Sánchez

# Índice

# Introducción

El mundo de los negocios y de las empresas está cada vez más regulado por un conjunto de normas nacionales e internacionales que no para de crecer y de actualizarse. La necesidad de controlar el cumplimiento de toda esa normativa y evitar las malas praxis (lo que se puede traducir como un actuar negativo o insuficiente) que llevan a la imposición de sanciones, conduce definitivamente a las empresas a prevenir los riesgos legales que conlleva su actividad, cuidando así no solo de su buena marcha y éxito de sus actividades de negocio, sino también de su reputación, que tan importante es salvaguardar para no perder clientes.

De otro lado, se han producido una multitud de sucesos de corrupción política y económica en las que se han visto envueltas muchas empresas, situación esta que hace necesario controlar los procedimientos de control de cumplimiento normativo, y alimentar a las empresas en la intención de desarrollar su actividad con arreglo no solo a la normativa, sino también a la ética, a la honestidad y a la transparencia.

Estos dos fenómenos, la complejidad del conjunto normativo y el elevado número de casos de corrupción con las consecuentes pérdidas de empleo de sus trabajadores y de expectativas de negocio para sus accionistas y proveedores, han propiciado la creación de unos protocolos de prevención como el arma más idónea para evitar el incumplimiento del ordenamiento jurídico y en general las malas prácticas: el *compliance,* o más bien, las distintas clases de *compliance,* pues para cada área podríamos hablar de *compliance* tributario y fiscal, penal, laboral, etc.

# Qué es el *compliance* o cumplimiento normativo

La vida de las empresas atraviesa diversas etapas y vicisitudes en el desarrollo de su actividad. Esta actividad no está exenta de riesgos legales a los que tienen que enfrentarse y que pueden ser generados por la actividad de los trabajadores, los directores y demás personas que cooperan con la empresa para obtener su fin social.

El cumplimiento normativo o *compliance* es el remedio para que todos los que participan en el proceso productivo eviten los riesgos que puedan producirse, haciéndoles cumplir todas las normas legales, para lo que se crean mecanismos idóneos de prevención.

Con la implantación del *compliance* se trata de hacer un esquema detallado de la estructura de la empresa y de su actividad, e identificar los riesgos en los que podemos incurrir en el desarrollo de nuestra actividad. Así, el *compliance* se compondrá de un conjunto de mecanismos, herramientas y procesos de control para evitar (o al menos paliar) aquellos riesgos, y de este modo prevenir la comisión de un delito o un incumplimiento normativo de cualquier orden, evitando la condena penal, las multas, indemnizaciones, sanciones administrativas, condena de cierre de local, pérdida de reputación, etc.

En España aún no es obligatoria la implantación del *compliance,* pero sin embargo, las grandes compañías ya llevan varios años creando los controles y las herramientas de gestión en sus empresas, generalmente a través de una persona o un equipo de personas.

Ciertamente, a partir de la modificación del código penal en el año 2010, la Ley Orgánica 1/2015, en las que se estableció primero y se afianzó después la responsabilidad penal de las personas jurídicas con la inclusión del programa de *compliance,* la Directiva 1/2016 de la Fiscalía General del Estado que potencia la existencia de canales de denuncias, y la Directiva 1937/2019, que protege a los denunciantes de las posibles represalias, ha propiciado que muchas empresas vean la necesidad de tener constituido un programa de *compliance* para el debido cumplimiento del ordenamiento jurídico, y evitar las cuantiosas sanciones inherentes a los procedimientos penales.

Naturalmente, no solo la responsabilidad penal de las empresas es el motivo por el que las empresas se preocupan de desarrollar programas de *compliance,* puesto que hay otras materias que conviven diariamente con el hacer empresarial, tales como la Ley Orgánica de Protección de Datos, la normativa sobre la competencia, la correspondiente a la normativa sobre la información y de los consumidores y usuarios y la referente al comercio electrónico, entre otras. Es fundamental que todos los integrantes de la empresa, cumplan, no solo con el ordenamiento jurídico, como es obvio, sino también con los códigos éticos que puedan implantar las empresas con sus proveedores y clientes, entendiendo como código ético de una empresa aquel conjunto de "normas" o directrices que redacta y recoge aquella con el fin de marcar y regular todos los comportamientos de las personas que forman parte de la organización.

A modo de ejemplo y con el fin de que se entienda qué es un código ético, resaltamos el de Apple, por ser una empresa que todo el mundo conoce y el cual recoge lo siguiente: "Apple exige a sus proveedores que ofrezcan condiciones de trabajo seguras, traten a sus trabajadores con dignidad y respeto, actúen de forma justa y ética, y sigan prácticas responsables en términos medioambientales donde fabriquen productos o realicen servicios para Apple[1]".

¿Y quién hace que este sistema del *compliance* funcione?

El oficial del cumplimiento en la empresa o *compliance officer* es una figura nueva y cada vez más extendida en el tejido empresarial, seguramente porque cada vez es más necesario asegurar el cumplimiento del conjunto de las

---

1. Si el lector tiene interés en conocer un poco más qué son los códigos éticos de las empresas, los puede buscar en Internet, ya que en principio dichos códigos son publicados por las empresas como un medio más de publicidad, haciendo valer normalmente su respeto a los derechos de los trabajadores, al medio ambiente y a sus clientes, además de otras actuaciones consideradas respetuosas con toda la cadena de producción, incluso en cuanto a sus proveedores y colaboradores. Esto es así hasta el punto de que muchas empresas se obligan a que sus proveedores o subcontratas, por ejemplo, cumplan con su código ético, e incluso que tengan también uno propio para no dejar nada al azar y que su responsabilidad quede impoluta a todos los niveles.

normas que regulan la vida de la empresa en todas sus facetas, prevenir riesgos y malas praxis, aunque es importante decir que la legislación española no recoge esta figura (lo que sí hacen muchas legislaciones extranjeras donde el *compliance* está mucho más regulado y avanzado, más que nada porque fue donde el *compliance* nació, mientras que España ha importado esta figura por la necesidad de dejar dotadas también a sus empresas de una seguridad jurídica, principalmente por la gran internacionalización de los negocios de hoy en día y por el gran número de empresas extranjeras con sede en España).

La tarea del *compliance officer* implica la supervisión, vigilancia y control de todos los integrantes de la empresa, así como del consejo de administración u órganos directivos, asesorándolos para que se cumpla con toda la normativa, evitando riesgos con los controles de prevención que se establezcan, e imponiendo el cumplimiento de las obligaciones y protocolos acordados.

Es importante resaltar que el *compliance officer* tiene una gran responsabilidad, hasta el punto de que existen ya algunas sentencias que sancionan por incumplimiento de su responsabilidad al *compliance officer*.

Como no podría ser de otra forma, para que el *compliance officer* pueda actuar correctamente debe **tener autonomía dentro de la empresa** y un poder tal que pueda tomar decisiones que impliquen un cambio de rumbo de la empresa. Si fuera de otra forma, no se vería libre de poder exponer que se está empezando a elaborar un delito dentro de la empresa, por ejemplo. Así, al igual que un responsable de prevención de riesgos laborales, que debe tener cierta libertad para exponer puntos a mejorar o desarrollar en la empresa en cuanto a seguridad de los trabajadores, el *compliance officer* debe tener así mismo esa independencia, pero también el poder para hacer los cambios necesarios. No olvidemos que, en ocasiones, esos cambios deben ser inmediatos porque a veces se detectan delitos cuando estos ya están muy avanzados en su comisión y es necesario tomar cartas en el asunto a la mayor brevedad y sin dilación alguna, con el fin de evitar —o al menos paliar— la responsabilidad de la empresa en la comisión de ese delito. Esta figura, por lo general, también se ocupa de la formación de los trabajadores, de investigar una posible comisión de un delito e incluso de proponer sanciones a aquel trabajador que haya incumplido...

# ¿Qué ventajas tiene implantar el *compliance* en la empresa o negocio?

Las ventajas de implantar un sistema de *compliance* son muchas y muy importantes. Si implantamos un sistema para gestionar el cumplimiento del ordenamiento jurídico en todas sus diversas facetas —laboral, penal, administrativo, fiscal, etc., así como (¿por qué no?) de los códigos éticos— evitaremos malas prácticas, tanto de empleados como de personal de dirección; con ello conseguiremos la exención de la responsabilidad penal de la empresa, incluso exonerando a esta de una sanción de índole penal, reputacional…, o logrando atenuarla. Al mismo tiempo evitaremos cometer errores, evitando las sanciones de índole administrativa, en especial las de la normativa de la ley y el reglamento general de protección de datos.

El tener un buen sistema de *compliance* refuerza su reputación ante la administración, los clientes, los inversionistas, los proveedores, y facilita su expansión ordenada en el mercado, ayudando a obtener con más facilidad vías de financiación. Así mismo, es obvio que la empresa estará mejor considerada por sus proveedores y clientes, al gozar de más confianza, con lo que será más competitiva y tendrá ventaja si ha de concurrir a concursos públicos y licitar con otras empresas que carezcan de un sistema de *compliance.* Aunque las pymes o pequeñas empresas, además de los autónomos, no tienen obligación de tener un sistema de *compliance,* deberán conocer qué es y cómo funciona un sistema de *compliance,* y en muchos casos deberán contar con un buen cumplimiento normativo en el caso de que quieran contratar con grandes empresas, porque puede que les impongan pasar por este filtro para formalizar su relación comercial.

Así, implantar un sistema de *compliance* evita que los partícipes en la empresa, ya sean trabajadores o directivos, puedan incumplir la normativa y las directrices internas.

El sistema de *compliance* refuerza su reputación ante la administración, los clientes, los inversionistas, y los proveedores, y facilita su expansión ordenada en el mercado, ayudando a obtener con más facilidad vías de financiación.

El *compliance* facilita las relaciones comerciales con otras compañías que ya hayan implantado un sistema de *compliance* similar, ayudando así a la extensión empresarial.

Naturalmente, para obtener estos beneficios y ventajas tendremos que realizar previamente un estudio de la actividad de la empresa y un mapa de los riesgos que esa actividad pueda generar en el ordenamiento jurídico, estableciéndolos con claridad y detalle.

Una vez se obtenga el mapa completo de los riesgos de la actividad, tendremos que establecer los sistemas y protocolos para evitarlos, y un responsable dentro de la empresa para dirigir el sistema, mantenerlo vigente y formar e informar a trabajadores y directivos sobre el cumplimiento del ordenamiento jurídico y las normas internas de la empresa.

Mención especial merece el *compliance* penal.

Como hemos venido diciendo, se trata de dar cumplimiento al ordenamiento jurídico, en este caso específicamente a la legislación penal, evitando a través del establecimiento de protocolos, normativa interna, códigos éticos, procedimientos sancionadores, canales de denuncia y programas de prevención y formación, que los empleados puedan incurrir en la comisión de delitos, evitando así mismo las consecuentes perdidas económicas, de imagen, de reputación y confianza de clientes y proveedores.

Se trata en definitiva de cumplir con el ordenamiento jurídico para evitar la responsabilidad penal de la empresa como persona jurídica, así como los perjuicios derivados del incumplimiento, tales como sanciones penales, multas, cese de actividad, etc. Los empleados de la empresa serán individualmente responsables penalmente, y si el ilícito penal cometido es uno por el cual responde la empresa, esta, para eludir su responsabilidad penal, tendrá que acreditar que cuenta con un sistema de *compliance* idóneo y suficientemente eficaz.

Antes de la reforma del código penal del año 2010, no existía en el texto medida alguna para extender la responsabilidad penal a los trabajadores de la empresa, y exonerar consecuentemente a las empresas.

La Ley Orgánica 5/2010 implantó en nuestro ordenamiento jurídico la responsabilidad penal de la personas jurídicas, básicamente para intentar combatir los delitos de corrupción económica al tiempo de acercar nuestra legislación al resto de países desarrollados.

La Ley Orgánica 1/2015 incorporó la mejor técnica en la regulación de la responsabilidad penal de las personas jurídicas, aclarando el modelo establecido en el año 2010 que consagraba una responsabilidad directa o autónoma de la persona jurídica.

Las modificaciones incorporadas en el código penal, más concretamente en el artículo 31 bis y la regulación completa de los modelos de organización y gestión cuyo cumplimiento puede exonerar la responsabilidad penal de la persona jurídica, obligó a la Fiscalía General del Estado a interpretar el alcance de la normativa contenida en el Código Penal.

Efectivamente, la reforma se centra en la redacción dada al artículo 31 bis de Código Penal, que establece que "las personas jurídicas serán penalmente responsables: a) de los delitos cometidos en nombre o por cuenta de las mismas y en su beneficio directo o indirecto, por sus representantes legales o por aquellos que actuando individualmente como integrantes de un órgano de la persona jurídica están autorizados para tomar decisiones en nombre de la persona jurídica u ostentan facultades de organización y control dentro de las misma". Añade el citado artículo en su apartado b), que también las personas jurídicas serán penalmente responsables, "de los delitos cometidos en el ejercicio de las actividades sociales y por cuenta y en beneficio directo o indirecto de las mismas, por quienes estando sometidos a la autoridad de las persona físicas mencionadas en el párrafo anterior han podido realizar los hechos por haberse incumplido gravemente por aquellos los deberes de supervisión, vigilancia y control de su actividad atendidas las concretas circunstancias del caso".

Si el fundamento de la imputación es la defectuosa organización societaria y esta se configura como elemento del tipo o define su culpabilidad, la acusación deberá probar, además de la comisión del delito por las personas físicas, que la infracción se ha cometido como consecuencia del ineficiente control de la persona jurídica. Por otro lado, si la imputación de la persona jurídica se basa en la conducta delictiva de sus dirigentes o en el incumplimiento de sus obligaciones de control sobre los subordinados, esto será lo único que deba probar la acusación.

La gerencia de la empresas, los consejos de administración, etc., están obligados a constituir en sus empresas sistemas de *compliance,* y si incumplieran esa obligación, si la sociedad fuera responsable penal de algún delito cometido en su ámbito empresarial, habrán de responder frente a sus socios y accionistas. Es por ello que los programas de control constituyen una referencia para medir las obligaciones de las personas físicas con mayores responsabilidades en la corporación como indicaba la circular 1/2011, pero será la persona jurídica la que deberá acreditar que tales programas eran eficaces para prevenir el delito.

A partir de la Circular 1/2016 sobre la responsabilidad penal de las personas jurídicas conforme a la reforma del código penal efectuada por la Ley Orgánica 1/2015, las certificaciones conforme a la **norma ▶ UNE 19601** sobre la idoneidad del modelo de prevención de delitos expedidas por empresas certificadoras, pueden constituir un eximente de la responsabilidad penal de la empresa.

La reforma del artículo 31 bis no altera el sistema establecido en el año 2010 de supeditar la responsabilidad penal de la persona jurídica a su expresa previsión en los correspondientes tipos de la parte especial del Código. Tras la reforma, la responsabilidad de las personas jurídicas se circunscribe al siguiente catálogo de delitos del Código Penal, al que hay que añadir el delito de contrabando, conforme dispone el art. 2.6 de la LO 12/1995, de 12 de diciembre, de represión del contrabando, modificada por la LO 6/2011:

Las personas jurídicas responden de 34 delitos, y más allá de estos, solo puede haber responsabilidad penal de las personas físicas.

| DELITOS | Artículos CP |
|---|---|
| Tráfico ilegal de órganos humanos | 156 bis.3 |
| Trata de seres humanos | 177 bis.7 |
| Prostitución / explotación sexual / corrupción de menores | 189 bis |
| Descubrimiento y revelación de secretos y allanamiento informático | 197 quinquies |
| Estafas | 251 bis |
| Frustración de la ejecución | 258 ter |
| Insolvencias punibles | 261 bis |
| Daños informáticos | 264 quater |
| Contra la propiedad intelectual e industrial, el mercado y los consumidores | 288 |
| Blanqueo de capitales | 302.2 |
| Financiación ilegal de los partidos políticos | 304 bis.5 |
| Contra la Hacienda Pública y contra la Seguridad Social | 310 bis |
| Contra los derechos de los ciudadanos extranjeros | 318 bis.5 |
| Urbanización, construcción o edificación no autorizables | 319.4 |
| Contra los recursos naturales y el medio ambiente | 328 |
| Relativos a las radiaciones ionizantes | 343.3 |
| Riesgos provocados por explosivos y otros agentes | 348.3 |

| Contra la salud pública | 366 |
| --- | --- |
| Contra la salud pública (tráfico de drogas) | 369 bis |
| Falsificación de moneda | 386.5 |
| Falsificación de tarjetas de crédito y débito y cheques de viajes | 399 bis |
| Cohecho | 427 bis |
| Tráfico de influencias | 430 |
| Delitos de odio y enaltecimiento | 510 bis |
| Financiación del terrorismo | 576 |

Con respecto al catálogo previo a la reforma, se incorporan los nuevos delitos de frustración de la ejecución (art. 257, 258 y 258 bis), de financiación ilegal de los partidos políticos (art. 304 bis) a los que se añaden los delitos contra la salud pública no relacionados con el tráfico de drogas (arts. 359 a 365) y los de falsificación de moneda (art. 386), para los que con anterioridad no se contemplaba el régimen del art. 31 bis, sino el del art. 129. Se incorporan igualmente los delitos de odio y enaltecimiento (art. 510, con la errata en el art. 510 bis de la referencia a los dos artículos anteriores en lugar de al artículo anterior).

El régimen del art. 129 CP se aplica a los delitos previstos para las personas jurídicas cuando se hayan cometido en el seno, con la colaboración, a través o por medio de entes carentes de personalidad jurídica, y se contempla también para los siguientes delitos:

| DELITOS | Artículos CP |
|---|---|
| Relativos a la manipulación genética | 162 |
| Alteración de precios en concursos y subastas públicas | 262 |
| Negativa a actuaciones inspectoras | 294 |
| Delitos contra los derechos de los trabajadores | 318 |
| Falsificación de moneda | 386.4 |
| Asociación ilícita | 520 |
| Organización y grupos criminales y organizaciones y grupos terroristas | 570 quater |

El aspecto más novedoso de la reforma de 2015 es la completa regulación en los apartados 2, 3, 4 y 5 del art. 31 bis de los programas de cumplimiento normativo o *compliance guides*, denominados modelos de organización y gestión:

2. Si el delito fuere cometido por las personas indicadas en la letra a) del apartado anterior, la persona jurídica quedará exenta de responsabilidad si se cumplen las siguientes condiciones:

» 1ª. El órgano de administración ha adoptado y ejecutado con eficacia, antes de la comisión del delito, modelos de organización y gestión que incluyen las medidas de vigilancia y control idóneas para prevenir delitos de la misma naturaleza o para reducir de forma significativa el riesgo de su comisión.

» 2ª. La supervisión del funcionamiento y del cumplimiento del modelo de prevención implantado ha sido confiada a un órgano de la persona jurídica con poderes autónomos de iniciativa y de control o que tenga encomendada legalmente la función de supervisar la eficacia de los controles internos de la persona jurídica;

» 3ª. Los autores individuales han cometido el delito eludiendo fraudulentamente los modelos de organización y de prevención.

» 4ª. No se ha producido una omisión o un ejercicio insuficiente de sus funciones de supervisión, vigilancia y control por parte del órgano al que se refiere la condición 2ª.

En los casos en los que las anteriores circunstancias solamente puedan ser objeto de acreditación parcial, esta circunstancia será valorada a los efectos de atenuación de la pena.

3. En las personas jurídicas de pequeñas dimensiones, las funciones de supervisión a que se refiere la condición 2ª del apartado 2 podrán ser asumidas directamente por el órgano de administración. A estos efectos, son personas jurídicas de pequeñas dimensiones aquellas que, según la legislación aplicable, estén autorizadas a presentar cuenta de pérdidas y ganancias abreviada.

4. Si el delito fuera cometido por las personas indicadas en la letra b) del apartado 1, la persona jurídica quedará exenta de responsabilidad si, antes de la comisión del delito, ha adoptado y ejecutado eficazmente un modelo de organización y gestión que resulte adecuado para prevenir delitos de la naturaleza del que fue cometido o para reducir de forma significativa el riesgo de su comisión.

En este caso resultará igualmente aplicable la atenuación prevista en el párrafo segundo del apartado 2 de este artículo.

5. Los modelos de organización y gestión a que se refieren la condición 1ª del apartado 2 y el apartado anterior deberán cumplir los siguientes requisitos:

- Identificarán las actividades en cuyo ámbito puedan ser cometidos los delitos que deben ser prevenidos.
- Establecerán los protocolos o procedimientos que concreten el proceso de formación de la voluntad de la persona jurídica, de adopción de decisiones y de ejecución de las mismas con relación a aquellos.
- Dispondrán de modelos de gestión de los recursos financieros adecuados para impedir la comisión de los delitos que deben ser prevenidos.
- Impondrán la obligación de informar de posibles riesgos e incumplimientos al organismo encargado de vigilar el funcionamiento y observancia del modelo de prevención.

- Establecerán un sistema disciplinario que sancione adecuadamente el incumplimiento de las medidas que establezca el modelo.
- Realizarán una verificación periódica del modelo y de su eventual modificación cuando se pongan de manifiesto infracciones relevantes de sus disposiciones, o cuando se produzcan cambios en la organización, en la estructura de control o en la actividad desarrollada que los hagan necesarios.

La segunda condición del apartado 2 del art. 31 bis atribuye la supervisión del modelo de prevención de delitos implantado a un órgano específico de la persona jurídica con poderes autónomos de iniciativa y de control, que deberá ser creado específicamente para asumir esta función, salvo en aquellas entidades en las que, por ley, ya se encuentra previsto para verificar la eficacia de los controles internos de riesgos de la persona jurídica, entre los que se encuentra la prevención de delitos. Este es el caso de las empresas de servicios de inversión a que se refiere el art. 193. 2 a) del Real Decreto Legislativo 4/2015, de 23 de octubre, *por el que se aprueba el texto refundido de la Ley del Mercado de Valores* y que reproduce el contenido del art. 70 ter de la derogada Ley 24/1988, de 28 de julio, del *Mercado de Valores,* cuyo desarrollo se contiene en las Circulares de la CNMV nº 6/2009 y 1/2014.

También existe previsión normativa para los sujetos obligados personas jurídicas en relación con la prevención del delito de blanqueo de capitales (art. 2 y 26. 1 de la Ley 10/2010) y para las sociedades cotizadas, si bien sin rango legal pues es en el Código de Buen Gobierno de las Sociedades Cotizadas elaborado por la CNMV donde se establece que "la sociedad dispondrá de una función de control y gestión de riesgos ejercida por una unidad o departamento interno, bajo la supervisión directa de la comisión de auditoría o, en su caso, de otra comisión especializada del consejo de administración" (principio 21).

En uno y otro supuesto (con la función más limitada de prevención de delitos o con la más amplia de control interno), la norma se está refiriendo a un órgano de cumplimiento (oficial de cumplimiento o *compliance officer*) que, dependiendo del tamaño de la persona jurídica, podrá estar constituido por una o por varias personas, con la suficiente formación y autoridad.

El texto no establece el contenido de las funciones de supervisión del oficial de cumplimiento. Deberá participar en la elaboración de los modelos de organización y gestión de riesgos y asegurar su buen funcionamiento, estableciendo sistemas apropiados de auditoría, vigilancia y control para verificar, al menos, la observancia de los requisitos que establece el apartado 5 del artículo, pues un ejercicio insuficiente de sus funciones impedirá apreciar la exención, como establece la cuarta y última condición del apartado 2. Para ello, deberá contar con personal con los conocimientos y experiencia profesional suficientes, disponer de los medios técnicos adecuados y tener acceso a los procesos internos, información necesaria y actividades de las entidades para garantizar una amplia cobertura de la función que se le encomienda. Puede resultar ilustrativa para definir el contenido de la función de cumplimiento normativo la norma 5ª de las citadas Circulares nº 6/2009 y 1/2014 de la CNMV, que establece de forma pormenorizada el contenido de tal función, la primera para sociedades gestoras de instituciones de inversión colectiva y sociedades de inversión, y la segunda para las entidades que prestan servicios de inversión, que se aplica tanto a empresas de inversión como de crédito.

El oficial de cumplimiento debe necesariamente ser un órgano de la persona jurídica, lo que facilitará el contacto diario con el funcionamiento de la propia corporación. Ello no implica que este órgano deba desempeñar por sí todas las tareas que configuran la función de cumplimiento normativo, que pueden ser realizadas por otros órganos o unidades distintos al específico de cumplimiento normativo, como la unidad de riesgos, la unidad de control interno, el servicio de prevención de riesgos laborales o el de prevención del blanqueo. Lo esencial será que exista un órgano supervisor del funcionamiento general del modelo, que deberá establecer claramente el responsable de las distintas funciones y tareas.

Tampoco existe inconveniente alguno en que una gran compañía pueda recurrir a la contratación externa de las distintas actividades que la función de cumplimiento normativo implica. Carecería de sentido y restaría eficacia al modelo imponer a una multinacional la realización y control interno de todas las tareas que integran la función de cumplimiento normativo. Lo verdaderamente relevante a los efectos que nos ocupan es que la persona jurídica tenga un órgano responsable de la función de cumplimiento normativo, no que todas y cada una de las tareas que integran dicha función sean desempeñadas por ese órgano. Muchas de ellas incluso resultarán tanto más eficaces cuanto mayor sea su nivel de externalización, como ocurre por ejemplo con la formación de directivos y empleados o con los canales de denuncias, más utilizados y efectivos cuando son gestionados por una empresa externa, que puede garantizar mayores niveles de independencia y confidencialidad.

No puede dejar de mencionarse que, sin perjuicio de las funciones propias del oficial de cumplimiento, siempre corresponderá al órgano de administración establecer la política de control y gestión de riesgos de la sociedad y su supervisión, que en las sociedades cotizadas tiene la condición de facultad indelegable [art. 529 ter b) LSC]. Precisamente por ello, pese a que se pretende que el oficial de cumplimiento sea lo más independiente posible, al ser un órgano de la persona jurídica designado por el órgano de administración, al que asimismo debe vigilar, difícilmente gozará de plena autonomía en su función. Para conseguir los máximos niveles de autonomía, los modelos deben prever los mecanismos para la adecuada gestión de cualquier conflicto de interés que pudiera ocasionar el desarrollo de las funciones del oficial de cumplimiento, garantizando que haya una separación operacional entre el órgano de administración y los integrantes del órgano de control que preferentemente no deben ser administradores, o no en su totalidad.

Es preciso realizar, por último, una referencia a la posición del oficial de cumplimiento en relación con su responsabilidad penal y la de la persona jurídica. Por un lado, el oficial de cumplimiento puede con su actuación delictiva transferir la responsabilidad penal a la persona jurídica a través de la letra a), puesto que, como se ha dicho, está incluido entre las personas que ostentan facultades de organización y control dentro de la misma. Por otro lado, puede ser una de las personas de la letra a) que al omitir gravemente el control del subordinado permite la transferencia de responsabilidad a la persona jurídica. En este supuesto, la omisión puede llevarle a ser él mismo penalmente responsable del delito cometido por el subordinado. Finalmente, si el oficial de cumplimiento omite sus obligaciones de control, la persona jurídica en ningún caso quedará exenta de responsabilidad penal (condición 4ª del art. 31 bis 2).

De conformidad con este planteamiento, la exposición personal al riesgo penal del oficial de cumplimiento no es superior a la de otros directivos de la persona jurídica. Comparativamente, su mayor riesgo penal solo puede tener su origen en que, por su posición y funciones, puede acceder más frecuentemente al conocimiento de la comisión de hechos delictivos, especialmente dada su responsabilidad en relación con la gestión del canal de denuncias y siempre que la denuncia se refiera a hechos que se están cometiendo y que, por tanto, el oficial de cumplimiento pueda impedir con su actuación.

En cuanto a las personas jurídicas de pequeñas dimensiones, el apartado 3 del art. 31 bis contiene un régimen especial para las personas jurídicas de pequeñas dimensiones, consideradas como tales, con arreglo a un criterio contable, aquellas sociedades autorizadas a presentar cuenta de pérdidas y ganancias abreviada. La única especialidad que el legislador dispensa a estas entidades consiste en eximirlas del cumplimiento de la condición segunda del apartado anterior, de modo que las funciones del oficial de cumplimiento las desempeñe directamente el órgano de administración. Se mantiene, por lo tanto, la obligación de adoptar los modelos de organización y gestión, con los requisitos contemplados en el apartado 5.

No obstante tal obligación, las características de los modelos de organización y control de estas personas jurídicas de pequeñas dimensiones deberán acomodarse a su propia estructura organizativa, que no puede compararse con la de las empresas dotadas de una organización de cierta complejidad, que les viene en buena medida legalmente impuesta.

Estas pequeñas organizaciones podrán, por lo tanto, demostrar su compromiso ético mediante una razonable adaptación a su propia dimensión de los requisitos formales del apartado 5, que les permita acreditar su cultura de cumplimiento normativo, más allá de la literalidad del precepto y en coherencia con las menores exigencias que estas sociedades tienen también desde el punto de vista contable, mercantil y fiscal.

Teniendo presentes las especiales características de algunas de estas sociedades, en las que será habitual la confusión entre la responsabilidad de la persona física a la que incumbe el deber de vigilancia y el órgano de cumplimiento que ella misma encarna, los sres. fiscales, en evitación de una inconstitucional situación de *bis in idem,* extremarán la prudencia en su imputación.

Otras entidades, como la Comisión Nacional de los Mercados y de la Competencia, establece el contenido de los sistemas de *compliance,* y ello sirve para explicar el alcance que debe de tener este sistema de gestión, control y prevención de los riesgos de índole penal.

Se pide a las gerencias de empresa que participen en el aseguramiento del cumplimiento del ordenamiento jurídico, se acentúa la necesidad de establecer mecanismos que faciliten una formación permanente de los empleados y trabajadores de la empresa, y la creación de canales de denuncia para la detección de ilícitos, la creación de un sistema disciplinario y la dirección de un *officer* que se responsabilice del sistema de *compliance* que establezca el mapa de riesgos, los protocolos de control y prevención de cualquier ilícito penal que pudiera producirse.

# ¿Qué consecuencias puede traer el no tener un buen programa de cumplimiento o *compliance*?

Tras ver las numerosas ventajas que trae consigo el contar con un sistema de *compliance* penal o de otra índole, ahora vamos a abordar las consecuencias que puede acarrear el no contar con dicho sistema.

Tal y como hemos manifestado anteriormente, la falta de este sistema de garantía puede tener como consecuencia que la persona jurídica responda por las actuaciones de otros, ya sea por sus representantes legales, administradores o por aquellas personas que hubieran realizado un hecho constitutivo de delito, estando estas sometidas a control o supervisión sin que este se hubiese producido. Todo ello, al incluirse la responsabilidad penal, ahora también, para las personas jurídicas, tras la reforma del Código Penal en 2010 por la LO 5/2010 de 22 de junio, modificada por la LO 1/2015 de 30 de marzo que, como dice en su Preámbulo III, "la reforma lleva a cabo una mejora técnica en la regulación de la responsabilidad penal de las personas jurídicas, con la finalidad de delimitar adecuadamente el contenido del debido control, cuyo quebrantamiento permite fundamentar su responsabilidad penal".

Es importante destacar que el delito cometido en el seno de la empresa ha de ser en beneficio de esta, ya que en caso de que no fuera así y hubiese sido realizado en beneficio propio, la persona jurídica no tendría responsabilidad, a no ser que se pudiera probar que la empresa como responsable de los actos de sus empleados no contaba con un buen programa de cumplimiento.

La responsabilidad penal en general, se extrae del artículo 1 del Código Penal —en adelante CP—, el cual establece en su punto 1 que "no será castigada ninguna acción ni omisión que no esté prevista como delito por ley anterior a su perpetración y, en su punto número 2, las medidas de seguridad sólo podrán aplicarse cuando concurran los presupuestos establecidos previamente por la Ley".

**No nos cansaremos de repetir que la responsabilidad penal de la persona jurídica** viene regulada en el Código Penal, en su artículo 31 bis, estableciendo los supuestos en los que las personas jurídicas serán penalmente responsables.

Las consecuencias de no contar con un sistema de *compliance* penal no son las mismas para unas sociedades que para otras. Además, son distintas en función de la gravedad del delito cometido, existiendo un catálogo de las **posibles penas aplicables a la persona jurídica en virtud del artículo 33 CP apartado 7 donde encontramos:**

"– Multa por cuotas o proporcional.
– Disolución de la persona jurídica. La disolución
producirá la pérdida definitiva de su personalidad
jurídica, así como la de su capacidad de actuar de
cualquier modo en el tráfico jurídico, o llevar a
cabo cualquier clase de actividad, aunque sea lícita.
– Suspensión de sus actividades por un plazo que no
podrá exceder de cinco años.
– Clausura de sus locales y establecimientos por un
plazo que no podrá exceder de cinco años.
– Prohibición de realizar en el futuro las actividades
en cuyo ejercicio se haya cometido, favorecido o
encubierto el delito. Esta prohibición podrá ser
temporal o definitiva. Si fuere temporal, el plazo
no podrá exceder de quince años.
– Inhabilitación para obtener subvenciones y ayudas públicas, para contratar con el sector público
y para gozar de beneficios e incentivos fiscales o de
la Seguridad Social, por un plazo que no podrá
exceder de quince años.
– Intervención judicial para salvaguardar los derechos de los trabajadores o de los acreedores por el
tiempo que se estime necesario, que no podrá exceder de cinco años.

La intervención podrá afectar a la totalidad de la
organización o limitarse a alguna de sus instalaciones, secciones o unidades de negocio. El juez o tribunal, en la sentencia o posteriormente, mediante
auto, determinará exactamente el contenido de la
intervención y determinará quién se hará cargo de

la intervención y en qué plazos deberá realizar informes de seguimiento para el órgano judicial. La intervención se podrá modificar o suspender en todo momento previo informe del interventor y del ministerio fiscal. El interventor tendrá derecho a acceder a todas las instalaciones y locales de la empresa o persona jurídica y a recibir cuanta información estime necesaria para el ejercicio de sus funciones. Reglamentariamente se determinarán los aspectos relacionados con el ejercicio de la función de interventor, como la retribución o la cualificación necesaria. La clausura temporal de los locales o establecimientos, la suspensión de las actividades sociales y la intervención judicial podrán ser acordadas también por el juez instructor como medida cautelar durante la instrucción de la causa".

Este catálogo de posibles penas se podrá interponer a las personas jurídicas en el caso de que cometan alguno de los **siguientes delitos tipificados en el Código Penal:**

▶ **Por las defraudaciones, más concretamente estafas.** En virtud del artículo 251 bis CP, se le impondrá a la persona jurídica la multa del triple al quíntuple de la cantidad defraudada cuando la pena fuera superior a cinco años de prisión para la persona física; o bien multa del doble al cuádruple de la cantidad defraudada en el resto de los supuestos. Cuando de acuerdo con lo establecido en el artículo 31 bis, una persona jurídica sea responsable de los delitos comprendidos en esta sección, se le impondrán las siguientes penas:

"– Multa del triple al quíntuple de la cantidad defraudada, si el delito cometido por la persona física
tiene prevista una pena de prisión de más de cinco
años.

– Multa del doble al cuádruple de la cantidad defraudada, en el resto de los casos".

▶ **Por las insolvencias punibles.** En virtud del artículo
261 bis CP, siendo la pena superior a cinco años de
prisión para la persona física, se le impondrá multa de
dos a cinco años a la persona jurídica. Si la pena de
prisión fuera superior a dos años no incluida en el apartado anterior, se le impondrá a la persona jurídica multa de uno a tres años y, en el resto de supuestos, multa
de seis meses a dos años.

"Cuando de acuerdo con lo establecido en el artículo
31 bis una persona jurídica sea responsable de los
delitos comprendidos en este capítulo, se le impondrán las siguientes penas:

– Multa de dos a cinco años, si el delito cometido
por la persona física tiene prevista una pena de prisión de más de cinco años.

– Multa de uno a tres años, si el delito cometido por
la persona física tiene prevista una pena de prisión
de más de dos años no incluida en el inciso anterior.

– Multa de seis meses a dos años en el resto de los
casos".

▶ **Por los delitos contra la Hacienda Pública y la Seguridad Social.** En virtud del artículo 310 bis CP, se impondrá a la persona jurídica multa del tanto al doble de la cantidad defraudada, cuando el delito cometido por la persona física tuviera una pena superior a dos años de prisión; multa del doble al cuádruple de la cantidad defraudada, cuando la pena de prisión para la persona física fuera superior a cinco años, o multa de seis meses a un año en los casos regulados en el artículo 310.

Además de todo esto, se le impondrá a la persona jurídica la pérdida de obtención tanto de subvenciones o ayudas públicas como el derecho a obtener beneficios o incentivos fiscales o de la SS durante el período de tiempo de tres a seis años, siendo importante destacar que se le podrá imponer también la prohibición para contratar con las Administraciones Públicas.

"Cuando de acuerdo con lo establecido en el artículo 31 bis una persona jurídica sea responsable de los delitos recogidos en este Título, se le impondrán las siguientes penas:

- Multa de seis meses a un año, en los supuestos recogidos en el artículo 310.
- Multa del tanto al doble de la cantidad defraudada o indebidamente obtenida, si el delito cometido por la persona física tiene prevista una pena de prisión de más de dos años.

– Multa del doble al cuádruple de la cantidad defraudada o indebidamente obtenida, si el delito cometido por la persona física tiene prevista una pena de prisión de más de cinco años.

Además de las señaladas, se impondrá a la persona jurídica responsable la pérdida de la posibilidad de obtener subvenciones o ayudas públicas y del derecho a gozar de los beneficios o incentivos fiscales o de la Seguridad Social durante el período de tres a seis años. Podrá imponerse la prohibición para contratar con las Administraciones Públicas".

▶ **Por la receptación y blanqueo de capitales.** En virtud del artículo 302 CP en su apartado 2, se impondrá a la persona jurídica la pena de multa de dos a cinco años cuando el delito cometido por la persona física tuviera una pena superior a cinco años de prisión, o multa de seis meses a dos años en el resto de los supuestos.

En cuanto al delito de blanqueo de capitales, se suele dar en nuestra sociedad con la emisión de facturas falsas, eludiendo así el pago de los impuestos o, a través de transacciones bancarias internacionales a cambio del cobro de elevadas comisiones, entre otros.

"En tales casos, cuando de acuerdo con lo establecido en el artículo 31 bis sea responsable una persona jurídica, se le impondrán las siguientes penas:

- Multa de dos a cinco años, si el delito cometido
  por la persona física tiene prevista una pena de prisión de más de cinco años.
- Multa de seis meses a dos años, en el resto de los
  casos".

▶ **Por las defraudaciones, más concretamente la frustración de la ejecución.** En virtud del artículo 258 ter
CP, siendo la pena superior a cinco años de prisión para
la persona física, se le impondrá a la persona jurídica
multa de dos a cinco años; si la pena fuera superior a
dos años de prisión para la persona física no incluida
en el apartado anterior se le impondrá multa de uno a
tres años; y multa de seis meses a dos años en el resto
de los supuestos.

> "Cuando de acuerdo con lo establecido en el artículo
> 31 bis una persona jurídica sea responsable de los
> delitos comprendidos en este capítulo, se le impon-
> drán las siguientes penas:
>
> - Multa de dos a cinco años, si el delito cometido
>   por la persona física tiene prevista una pena de pri-
>   sión de más de cinco años.
> - Multa de uno a tres años, si el delito cometido por
>   la persona física tiene prevista una pena de prisión
>   de más de dos años no incluida en el inciso ante-
>   rior.
> - Multa de seis meses a dos años, en el resto de los
>   casos".

▶ **Por cohecho.** En virtud del artículo 427 bis CP, se le impondrá a la persona jurídica la multa de dos a cinco años, o del triple al quíntuple del beneficio cuando la cantidad final fuera mayor, en caso de que la pena superase los cinco años de prisión para la persona física; multa de uno a tres años, o doble al cuádruple del beneficio cuando la cantidad final fuese mayor, en caso de que la pena superase los dos años de privación de libertad no incluida en el apartado anterior; multa de seis meses a dos años, o del doble al triple del beneficio si la cantidad final fuese mayor, en el resto de los supuestos.

Este delito puede darse en las Administraciones Públicas, por ejemplo, cuando un funcionario público lleva a cabo una conducta corrupta, como puede ser la facilitación de un empleo a un tercero de forma ilícita.

"Cuando de acuerdo con lo establecido en el artículo 31 bis una persona jurídica sea responsable de los delitos recogidos en este capítulo, se le impondrán las siguientes penas:

- Multa de dos a cinco años, o del triple al quíntuple del beneficio obtenido cuando la cantidad resultante fuese más elevada, si el delito cometido por la persona física tiene prevista una pena de prisión de más de cinco años.
- Multa de uno a tres años, o del doble al cuádruple del beneficio obtenido cuando la cantidad

resultante fuese más elevada, si el delito cometido por la persona física tiene prevista una pena de más de dos años de privación de libertad no incluida en el anterior inciso.

– Multa de seis meses a dos años, o del doble al triple del beneficio obtenido si la cantidad resultante fuese más elevada, en el resto de los casos".

▶ **Por los daños informáticos.** En virtud del artículo 264 quater CP, se le impondrá a la persona jurídica la pena de multa de dos a cinco años o del quíntuplo a doce veces el valor del perjuicio que hubiere ocasionado, si resulta una cantidad superior, cuando se tratase de delitos con pena de prisión de más de tres años, para las personas físicas; o bien multa de uno a tres años o del triple a ocho veces el valor del perjuicio ocasionado, si resulta una cantidad mayor en el resto de los supuestos.

"Cuando de acuerdo con lo establecido en el artículo 31 bis una persona jurídica sea responsable, se le impondrán las siguientes penas:

– Multa de dos a cinco años o del quíntuplo a doce veces el valor del perjuicio causado, si resulta una cantidad superior, cuando se trate de delitos castigados con una pena de prisión de más de tres años.

– Multa de uno a tres años o del triple a ocho veces el valor del perjuicio causado, si resulta una cantidad superior, en el resto de los casos".

▶ **Delitos contra la propiedad intelectual e industrial, al mercado y a los consumidores.** En virtud del artículo 288 CP se le impondrá a la persona jurídica por los delitos cometidos en el artículo 270, 271, 273, 274, 275, 276, 283 y 286 la pena de multa del doble al cuádruple del beneficio que se hubiera obtenido, o que se hubiese podido obtener cuando la pena de prisión para la persona física fuera de más de dos años de prisión; o multa del doble al triple del beneficio que se hubiera obtenido, favorecido o que se hubiese podido llegar a obtener, en el resto de los supuestos.

Por los delitos cometidos en los artículos 277, 278, 279, 280, 281, 282, 282 bis, 284, 285, 285 bis, 285 quater y 286 bis al 286 quater se le impondrá a la persona jurídica la pena de multa de dos a cinco años, o del triple al quíntuple del beneficio que se hubiera obtenido o que se hubiese podido llegar a obtener si la cantidad resultante fuera mayor, cuando la pena de privación de libertad para la persona física fuera de más de dos años; o multa de seis meses a dos años, o del tanto al duplo del beneficio obtenido o incluso que se hubiese podido llegar a obtener si la cantidad resultante fuese más elevada, en el resto de los supuestos.

"Cuando de acuerdo con lo establecido en el artículo 31 bis una persona jurídica sea responsable de los delitos recogidos en este capítulo, se le impondrán las siguientes penas:

1. En el caso de los delitos previstos en los artículos 270, 271, 273, 274, 275, 276, 283 y 286:

- Multa del doble al cuádruple del beneficio obtenido, o que se hubiera podido obtener, si el delito cometido por la persona física tiene prevista una pena de prisión de más de dos años.
- Multa del doble al triple del beneficio obtenido, favorecido o que se hubiera podido obtener, en el resto de los casos.

2. En el caso de los delitos previstos en los artículos 277, 278, 279, 280, 281, 282, 282 bis, 284, 285, 285 bis, 285 quater y 286 bis al 286 quater:

- Multa de dos a cinco años, o del triple al quíntuple del beneficio obtenido o que se hubiere podido obtener si la cantidad resultante fuese más elevada, cuando el delito cometido por la persona física tiene prevista una pena de más de dos años de privación de libertad.
- Multa de seis meses a dos años, o del tanto al duplo del beneficio obtenido o que se hubiere podido obtener si la cantidad resultante fuese más elevada, en el resto de los casos".

▶ **Por los delitos contra la intimidad, el derecho a la propia imagen y la inviolabilidad del domicilio (del descubrimiento y revelación de secretos).** En virtud del artículo 197 quinquies CP, se le impondrá la pena a la persona jurídica de multa de seis meses a dos años cuando fuera responsable de los delitos recogidos en los artículos 197, 197 bis y 197 ter CP. "Cuando de acuerdo con lo establecido en el artículo 31 bis una persona jurídica sea responsable de los delitos comprendidos en los artículos 197, 197 bis y 197 ter, se le impondrá la pena de multa de seis meses a dos años".

▶ **Por los delitos contra los recursos naturales y el medio ambiente.** En virtud del artículo 328 del CP, se le impondrá multa de uno a tres años, o del doble al cuádruple del perjuicio ocasionado cuando la cantidad resultante fuera mayor, siendo la pena de privación de libertad para la persona física fuera superior a dos años; o multa de seis meses a dos años, o del doble al triple del perjuicio ocasionado si la cantidad resultante fuera mayor, en el resto de los supuestos.

"Cuando de acuerdo con lo establecido en el artículo 31 bis una persona jurídica sea responsable de los delitos recogidos en este capítulo, se le impondrán las siguientes penas:

- Multa de uno a tres años, o del doble al cuádruple del perjuicio causado cuando la cantidad resultante fuese más elevada, si el delito cometido por la persona física tiene prevista una pena de más de dos años de privación de libertad.
- Multa de seis meses a dos años, o del doble al triple del perjuicio causado si la cantidad resultante fuese más elevada, en el resto de los casos".

▶ **Por los delitos sobre la ordenación del territorio y el urbanismo.** En virtud del artículo 319 CP apartado 4, se le impondrá a la persona jurídica pena de multa de uno a tres años, o multa del doble al cuádruple de dicho beneficio cuando el beneficio obtenido fuera superior a la cantidad resultante.

Este tipo de delitos en nuestra vida cotidiana se pueden dar, por ejemplo, en empresas de transporte de residuos.

"En los supuestos previstos en este artículo, cuando fuere responsable una persona jurídica de acuerdo con lo establecido en el artículo 31 bis de este Código se le impondrá la pena de multa de uno a tres años, salvo que el beneficio obtenido por el delito fuese superior a la cantidad resultante en cuyo caso la multa será del doble al cuádruple del montante de dicho beneficio".

▶ **Delitos de financiación ilegal de los partidos políticos.** La pena por la comisión de este tipo de delitos por parte de la persona jurídica viene regulada en su artículo 304 bis CP, en virtud cual:

"1. Será castigado con una pena de multa del triplo al quíntuplo de su valor el que reciba donaciones o aportaciones destinadas a un partido político, federación, coalición o agrupación de electores con infracción de lo dispuesto en el artículo 5. Uno de la Ley Orgánica 8/2007, de 4 de julio, sobre financiación de los partidos políticos.

2. Los hechos anteriores serán castigados con una pena de prisión de seis meses a cuatro años y multa del triplo al quíntuplo de su valor o del exceso cuando:

– Se trate de donaciones recogidas en el artículo 5. Uno, letras a) o c) de la Ley Orgánica 8/2007 de 4 de julio sobre financiación de los partidos políticos, de importe superior a 500 000 euros, o que superen en esta cifra el límite fijado en la letra b) del aquel precepto, cuando sea esta el infringido.
– Se trate de donaciones recogidas en el artículo 7. Dos de la Ley Orgánica 8/2007, de 4 de julio, sobre financiación de los partidos políticos, que superen el importe de 100 000 euros.

3. Si los hechos a que se refiere el apartado anterior resultaran de especial gravedad, se impondrá la pena en su mitad superior, pudiéndose llegar hasta la superior en grado.

4. Las mismas penas se impondrán, en sus respectivos casos, a quien entregare donaciones o aportaciones destinadas a un partido político, federación, coalición o agrupación de electores, por sí o por persona interpuesta, en alguno de los supuestos de los números anteriores.

5. Las mismas penas se impondrán cuando, de acuerdo con lo establecido en el artículo 31 bis de este Código, una persona jurídica sea responsable de los hechos".

▶ **Por la falsificación de tarjetas de crédito y débito y cheques de viaje.** En virtud del artículo 399 bis CP, se le impondrá a la persona jurídica pena de multa de dos a cinco años.

> "1. El que altere, copie, reproduzca o de cualquier otro modo falsifique tarjetas de crédito o débito o cheques de viaje, será castigado con la pena de prisión de cuatro a ocho años. Se impondrá la pena en su mitad superior cuando los efectos falsificados afecten a una generalidad de personas o cuando los hechos se cometan en el marco de una organización criminal dedicada a estas actividades.
>
> Cuando de acuerdo con lo establecido en el artículo 31 bis una persona jurídica sea responsable de los anteriores delitos, se le impondrá la pena de multa de dos a cinco años".

▶ **Por los delitos contra los derechos de los ciudadanos extranjeros.** En virtud del artículo 318 bis CP apartado 5, se le impondrá a la persona jurídica multa de dos a cinco años, o del triple al quíntuple del beneficio que se hubiese obtenido si la cantidad resultante fuera mayor.

> "Cuando de acuerdo con lo establecido en el artículo 31 bis una persona jurídica sea responsable de los delitos recogidos en este título, se le impondrá la pena de multa de dos a cinco años, o la del triple al quíntuple del beneficio obtenido si la cantidad resultante fuese más elevada".

▶ **Por los delitos relativos a la energía nuclear y a las radiaciones ionizantes.** En virtud del artículo 343 apartado 3, se le impondrá a la persona jurídica pena de multa de dos a cinco años.

> "Cuando de acuerdo con lo establecido en el artículo 31 bis una persona jurídica sea responsable de los delitos recogidos en este artículo, se le impondrá la pena de multa de dos a cinco años".

▶ **Por los delitos de riesgo provocado por explosivos y otros agentes.** En virtud del artículo 348 CP apartado 3, se le impondrá a la persona jurídica pena de multa de uno a tres años, salvo que su importe fuera mayor, que en este caso sería del doble al cuádruple del montante resultante de dicho perjuicio. Se podrá imponer la pena en su mitad superior en caso de que sean directores, administradores o encargados de la sociedad, empresa, organización o incluso explotación.

> "1. Los que en la fabricación, manipulación, transporte, tenencia o comercialización de explosivos, sustancias inflamables o corrosivas, tóxicas y asfixiantes, o cualesquiera otras materias, aparatos o artificios que puedan causar estragos, contravinieran las normas de seguridad establecidas, poniendo en concreto peligro la vida, la integridad física o la salud de las personas, o el medio ambiente, serán castigados con la pena de prisión de seis meses a tres años, multa de doce a veinticuatro meses e inhabilitación especial para empleo o cargo

público, profesión u oficio por tiempo de seis a doce años. Las mismas penas se impondrán a quien, de forma ilegal, produzca, importe, exporte, comercialice o utilice sustancias destructoras del ozono.

2. Los responsables de la vigilancia, control y utilización de explosivos que puedan causar estragos que, contraviniendo la normativa en materia de explosivos, hayan facilitado su efectiva pérdida o sustracción serán castigados con las penas de prisión de seis meses a tres años, multa de doce a veinticuatro meses e inhabilitación especial para empleo o cargo público, profesión u oficio de seis a doce años.

3. En los supuestos recogidos en los apartados anteriores, cuando de los hechos fuera responsable una persona jurídica de acuerdo con lo establecido en el artículo 31 bis de este Código, se le impondrá la pena de multa de uno a tres años, salvo que, acreditado el perjuicio producido, su importe fuera mayor, en cuyo caso la multa será del doble al cuádruple del montante de dicho perjuicio.

Las penas establecidas en los apartados anteriores se impondrán en su mitad superior cuando se trate de los directores, administradores o encargados de la sociedad, empresa, organización o explotación".

▶ **Por los delitos contra la salud pública.** En virtud del artículo 366 CP, se le impondrá a la persona jurídica siendo esta responsable, la pena de multa de uno a tres años, o del doble al quíntuplo del valor de la sustancias y productos a los que hace referencia el artículo 359 y ss, o del beneficio obtenido o que se hubiera podido llegar a obtener, aplicando la cantidad más elevada.

"Cuando de acuerdo con lo establecido en el artículo 31 bis una persona jurídica sea responsable, se le impondrá una pena de multa de uno a tres años, o del doble al quíntuplo del valor de las sustancias y productos a que se refieren los artículos 359 y siguientes, o del beneficio que se hubiera obtenido o podido obtener, aplicándose la cantidad que resulte más elevada".

▶ **Por el delito de tráfico de drogas**. En virtud del artículo 369 bis CP, se le impondrá a la persona jurídica multa de dos a cinco años o del triple al quíntuple del valor de la droga cuando la cantidad final fuese mayor, si la pena de prisión para la persona física fuera superior a cinco años; o multa de uno a tres años o del doble al cuádruple del valor de la droga cuando la cantidad final fuese mayor, si la pena de prisión para la persona física fuera superior a dos años no incluida en el apartado anterior.

Este tipo de delitos suele darse en nuestra sociedad en salas de fiesta y en empresas de transporte, entre otros.

"Cuando de acuerdo con lo establecido en el artículo 31 bis una persona jurídica sea responsable, se le impondrán las siguientes penas:

– Multa de dos a cinco años, o del triple al quíntuple del valor de la droga cuando la cantidad resultante fuese más elevada, si el delito cometido por la persona física tiene prevista una pena de prisión de más de cinco años.

– Multa de uno a tres años, o del doble al cuádruple del valor de la droga cuando la cantidad resultante fuese más elevada, si el delito cometido por la persona física tiene prevista una pena de prisión de más de dos años no incluida en el anterior inciso".

▶ **Por la falsificación de moneda.** En virtud del artículo 386 CP apartado 5 se le impondrá a la persona jurídica, pena de multa del triple al décuplo del valor aparente de la moneda.

"Cuando, de acuerdo con lo establecido en el artículo 31 bis, una persona jurídica sea responsable de los anteriores delitos, se le impondrá la pena de multa del triple al décuplo del valor aparente de la moneda".

▶ **Por el tráfico de influencias.** En virtud del artículo 430 CP, se le impondrá a la persona jurídica la pena de multa de seis meses a dos años.

"Cuando de acuerdo con lo establecido en el artículo 31 bis una persona jurídica sea responsable de los delitos recogidos en este capítulo, se le impondrá la pena de multa de seis meses a dos años".

▶ **Por la provocación a la discriminación, el odio y la violencia.** En virtud del artículo 510 bis CP, se le impondrá a la persona jurídica la pena de multa de dos a cinco años. Siendo igualmente aplicable lo dispuesto en el artículo 510 CP apartado 3, es decir, que la pena prevista se le impondrá en su mitad superior cuando la comisión del delito hubiera tenido lugar por alguno de estos medios: medio de comunicación social, internet o por cualquier otro que se hiciera accesible a un elevado número de personas.

"Cuando de acuerdo con lo establecido en el artículo 31 bis una persona jurídica sea responsable de los delitos comprendidos en los dos artículos anteriores, se le impondrá la pena de multa de dos a cinco años.

En este caso será igualmente aplicable lo dispuesto en el número 3 del artículo 510 del Código Penal. Las penas previstas en los apartados anteriores se impondrán en su mitad superior cuando los hechos se hubieran llevado a cabo a través de un medio de comunicación social, por medio de internet o mediante el uso de tecnologías de la información, de modo que, aquel se hiciera accesible a un elevado número de personas".

▶ **Por los delitos relativos a la prostitución, explotación sexual y corrupción de menores.** En virtud del artículo 189 bis CP, se le impondrá a la persona jurídica la multa del triple al quíntuple del beneficio, en caso de que la pena superase los cinco años de prisión para la persona física; o multa del doble al cuádruple del beneficio, si la pena superara los dos años de prisión no incluida en el apartado anterior; o multa del doble al triple del beneficio en el resto de los supuestos.

"Cuando de acuerdo con lo establecido en el artículo 31 bis una persona jurídica sea responsable de los delitos comprendidos en este capítulo, se le impondrán las siguientes penas:

- Multa del triple al quíntuple del beneficio obtenido, si el delito cometido por la persona física tiene prevista una pena de prisión de más de cinco años.
- Multa del doble al cuádruple del beneficio obtenido, si el delito cometido por la persona física tiene prevista una pena de prisión de más de dos años no incluida en el anterior inciso.
- Multa del doble al triple del beneficio obtenido, en el resto de los casos".

▶ **Por el tráfico de órganos humanos.** En virtud del artículo 156 bis CP apartado 7, siendo la persona jurídica responsable por la comisión de este tipo de delitos se le impondrá la pena de multa del triple al quíntuple del beneficio que obtuviera.

Su *modus operandi* se inicia mediante la captación de donantes que se encuentran en situación de vulnerabilidad, dándose en clínicas clandestinas. Cabe destacar que hay muy pocos casos con pronunciamiento condenatorio sobre este tipo de delito.

"Cuando de acuerdo con lo establecido en el artículo 31 bis una persona jurídica sea responsable, se le impondrá la pena de multa del triple al quíntuple del beneficio obtenido".

▶ **Por la trata de seres humanos.** En virtud del artículo 177 bis CP apartado 7, siendo responsable la persona jurídica, se le impondrá la pena de multa del triple al quíntuple del beneficio obtenido por su comisión.

La trata de seres humanos viene a ser la esclavitud del siglo XXI, constituye uno de los delitos más frecuentes y que mueve mayor cantidad de dinero en todo el mundo, después de los delitos de tráfico de drogas y de armas. "Cuando de acuerdo con lo establecido en el artículo 31 bis una persona jurídica sea responsable, se le impondrá la pena de multa del triple al quíntuple del beneficio obtenido".

**A estos delitos mencionados con anterioridad se le podrán aplicar las reglas recogidas en el artículo 66 bis CP, pudiendo de esta manera los jueces y tribunales, asimismo, imponer las penas de las letras b) hasta la g) del apartado 7 del artículo 33.**

- **Artículo 66 bis CP:**
  "En la aplicación de las penas impuestas a las personas jurídicas se estará a lo dispuesto en las reglas 1.ª a 4.ª y 6.ª a 8.ª del primer número del artículo 66, así como a las siguientes:

1.ª En los supuestos en los que vengan establecidas por las disposiciones del Libro II, para decidir sobre la imposición y la extensión de las penas previstas en las letras b) a g) del apartado 7 del artículo 33 habrá de tenerse en cuenta:

- Su necesidad para prevenir la continuidad de la actividad delictiva o de sus efectos.
- Sus consecuencias económicas y sociales, y especialmente los efectos para los trabajadores.
- El puesto que en la estructura de la persona jurídica ocupa la persona física u órgano que incumplió el deber de control.

2.ª Cuando las penas previstas en las letras c) a g) del apartado 7 del artículo 33 se impongan con una duración limitada, esta no podrá exceder la duración máxima de la pena privativa de libertad prevista para el caso de que el delito fuera cometido por persona física. Para la imposición de las sanciones previstas en las letras c) a g) por un plazo superior a dos años será necesario que se dé alguna de las dos circunstancias siguientes:

- Que la persona jurídica sea reincidente.
- Que la persona jurídica se utilice instrumentalmente para la comisión de ilícitos penales. Se entenderá que se está ante este último supuesto siempre que la actividad legal de la persona jurídica sea menos relevante que su actividad ilegal.

**3.ª** Cuando la responsabilidad de la persona jurídica, en los casos previstos en la letra b) del apartado 1 del artículo 31 bis, derive de un incumplimiento de los deberes de supervisión, vigilancia y control que no tenga carácter grave, estas penas tendrán en todo caso una duración máxima de dos años.

Para la imposición con carácter permanente de las sanciones previstas en las letras b) y e), y para la imposición por un plazo superior a cinco años de las previstas en las letras e) y f) del apartado 7 del artículo 33, será necesario que se dé alguna de las dos circunstancias siguientes:

– Que se esté ante el supuesto de hecho previsto en la regla 5.ª del apartado 1 del artículo 66.
– Que la persona jurídica se utilice instrumentalmente para la comisión de ilícitos penales. Se entenderá que se está ante este último supuesto siempre que la actividad legal de la persona jurídica sea menos relevante que su actividad ilegal".

Por tanto, como podéis comprobar, son muchos y algunos muy comunes los delitos que pueden darse en el seno de una empresa, con lo que cualquier organización puede ver cómo en su actuación comercial comete con conocimiento o sin él, un delito que puede alcanzar de manera irremediable a la empresa como persona jurídica, pero también a su administrador, *compliance officer* o cualquier otro órgano dentro de la empresa que tenga como responsabilidad el velar por el buen actuar de las empresas. Algunos de estos delitos, como por ejemplo el de tráfico de drogas, suele darse en empresas de transporte, ya sea marítimo, terrestre o aéreo, donde se mueve un gran número de mercancías y donde se puede incluir de forma más o menos fácil una cantidad de drogas, alguna persona escondida, etc.

# ¿Qué ocurre después? Revisiones, certificaciones y demás consideraciones para tener en cuenta

El artículo 31 bis apartado 5, hace alusión a los **requisitos que deberán cumplir los modelos de organización y gestión,** siendo necesario la verificación periódica, tanto del propio modelo como de sus modificaciones.

"Los modelos de organización y gestión a que se refieren la condición 1.ª del apartado 2 y el apartado anterior deberán cumplir los siguientes requisitos:

1. Identificarán las actividades en cuyo ámbito puedan ser cometidos los delitos que deben ser prevenidos.

2. Establecerán los protocolos o procedimientos que concreten el proceso de formación de la voluntad de la persona jurídica, de adopción de decisiones y de ejecución de las mismas con relación a aquellos.

3. Dispondrán de modelos de gestión de los recursos financieros adecuados para impedir la comisión de los delitos que deben ser prevenidos.

4. Impondrán la obligación de informar de posibles riesgos e incumplimientos al organismo encargado de vigilar el funcionamiento y observancia del modelo de prevención.

5. Establecerán un sistema disciplinario que sancione adecuadamente el incumplimiento de las medidas que establezca el modelo.

6. Realizarán una verificación periódica del modelo y de su eventual modificación cuando se pongan de manifiesto infracciones relevantes de sus disposiciones, o cuando se produzcan cambios en la organización, en la estructura de control o en la actividad desarrollada que los hagan necesarios".

Por lo que se desprende de este artículo esos modelos de organización, gestión y prevención deben estar explícitamente detallados con total claridad y cumpliendo con los fines para los que han sido creados.

Es muy importante el apartado cuarto del presente artículo, por su carácter preventivo: *whistleblowing*, comúnmente conocido como "canal ético o de denuncias" que permite informar confidencialmente sobre algún incumplimiento en el ámbito de la empresa. Siendo relevante esa confidencialidad a efectos de garantizar la seguridad de la identidad de aquel que alertara, no solo para evitar represalias, sino también a modo de fomentar que mayor personal de la compañía se animara a informar y así colaborar sobre posibles hechos delictivos que se pudieran dar como actos de fraude, corrupción, etc. Ahora el problema que se nos plantea es cómo denunciar, de qué medios disponemos para informar de estos hechos. Para dar respuesta a esto, las sociedades disponen de una serie de "canales de denuncias", que a continuación vamos a detallar.

Podemos destacar distintos tipos de canales de **denuncias:**

**Canales de denuncias por vías telefónicas:**
Pudiendo alertar a través de una llamada a un operador especialmente designado para ello, estando disponible a cualquier hora del día inclusive fuera del horario laboral. Sin embargo, este es uno de los canales menos seguros a los efectos de anonimato, ya que normalmente siempre se deja algún rastro por el que te pueden localizar.

**Canales de denuncias por medios digitales:**
A través de este canal, los interesados podrían informar sobre la comisión de algún tipo de irregularidad del que tuvieran conocimiento. Siendo estos datos protegidos de forma segura, garantizándose así, como hemos dicho antes, la confidencialidad del denunciante, pudiendo este adjuntar las pruebas que considerase oportunas en caso de tenerlas.

**Canales de denuncias por correos electrónicos:**
En este tipo de canales, igual que pasa con las denuncias telefónicas, no existe una plena garantía de confidencialidad, ya que normalmente siempre se deja algún rastro

por el que te pueden localizar. A pesar de ello, es uno de los medios más cómodos y sencillos de utilizar a efectos prácticos.

**Canales de denuncias en persona:**
Este tipo de canal no tiene ningún tipo de confidencialidad, la persona acude al lugar en que se encuentre el *compliance officer* u otro responsable del cumplimiento normativo para poner en su conocimiento de viva voz las irregularidades de las que estuviese al tanto, siendo esto una prueba de compromiso con la empresa y para la empresa una comprobación de que está velando por su buen funcionamiento.

Es importante que se informe al conjunto de la empresa de que existe este canal de denuncias o canales de denuncias en todas las modalidades manifestadas, informando además en qué consiste, las garantías que tiene y cómo funciona cada sistema en función del que se tenga en cada empresa, ya sea vía digital, telefónica, etc. Este deberá ser lo más accesible posible con las mayores garantías.

Se deberá asegurar que todos estos canales puedan permitir la aportación de pruebas en caso de existir.

Un vez recibida la denuncia, el órgano gestor es quien se encarga de resolver cualquier denuncia que le llegara de forma objetiva e imparcial y debiendo fundamentar su decisión final.

Con el fin de avanzar un poco más en este tema, debemos comentar que hay varias normas españolas, pero también comunitarias, que regulan la forma de conseguir contar con un buen *compliance,* entre otras:

**La ▶ Directiva 95/46/CE del Parlamento Europeo y del Consejo, del día 24 de octubre de 1995, relativa a la protección de las personas físicas en lo que respecta al tratamiento de datos personales y a la libre circulación de estos datos.**

**Esta directiva fue derogada por el ▶ Reglamento 2016/679 del día 27 de abril de 2016 cuya aplicación en España tuvo lugar a contar desde el día 25 de mayo de 2018,** siendo muy celebrado al poder aplicarse tanto total como parcialmente en todo lo que respecta a los datos personales.

El Reglamento General de Protección de datos (en adelante RGPD) va a prestar más atención a lo que viene siendo la protección de los datos personales que simplemente a los propios ficheros que los contengan.

Respecto a su tratamiento, se lleva a cabo una regulación exhaustiva con el propósito de garantizar que los datos personales se estén tratando de forma lícita y transparente, evitando así que se pueda poner en peligro su seguridad; por ello, como garantía, serán recogidos los que resulten adecuados para la consecución de los fines para los que han sido tratados. Además, el RGPD trata de aclarar qué corresponde al responsable del tratamiento, viniendo a ser quién determina los fines y medios del tratamiento de los datos personales y no quién los procesa, perteneciendo esto al encargado del tratamiento, aunque por cuenta del responsable.

**Los derechos del interesado vienen regulados en varios artículos:**

**▶ El derecho de acceso.**
Regulado en el artículo 15 RGPD, en virtud del cual el interesado podrá obtener del responsable del tratamiento información, sobre si se están tratando datos personales que le atañen, o incluso si no es así, los fines del tratamiento, los destinatarios, el plazo de conservación, etc.

> "1. El interesado tendrá derecho a obtener del responsable del tratamiento confirmación de si se están tratando o no datos personales que le conciernen y, en tal caso, derecho de acceso a los datos personales y a la siguiente información:
>
> a. Los fines del tratamiento.
> b. Las categorías de datos personales de que se trate.
> c. Los destinatarios o las categorías de destinatarios a los que se comunicaron o serán comunicados los datos personales, en particular destinatarios en terceros u organizaciones internacionales.
> d. De ser posible, el plazo previsto de conservación de los datos personales o, de no ser posible, los criterios utilizados para determinar este plazo.

e. La existencia del derecho a solicitar del responsable la rectificación o supresión de datos personales o la limitación del tratamiento de datos personales relativos al interesado, o a oponerse a dicho tratamiento.

f. El derecho a presentar una reclamación ante una autoridad de control.

g. Cuando los datos personales no se hayan obtenido del interesado, cualquier información disponible sobre su origen.

h. La existencia de decisiones automatizadas, incluida la elaboración de perfiles, a que se refiere el artículo 22, apartados 1 y 4, y, al menos en tales casos, información significativa sobre la lógica aplicada, así como la importancia y las consecuencias previstas de dicho tratamiento para el interesado.

2. Cuando se transfieran datos personales a un tercer país o a una organización internacional, el interesado tendrá derecho a ser informado de las garantías adecuadas en virtud del artículo 46 relativas a la transferencia.

3. El responsable del tratamiento facilitará una copia de los datos personales objeto de tratamiento. El responsable podrá percibir por cualquier otra copia solicitada por el interesado un canon razonable basado en los costes administrativos. Cuando el interesado presente la solicitud por medios electrónicos, y a menos que este solicite que se facilite de otro modo, la información se facilitará en un formato electrónico de uso común.

4. El derecho a obtener copia mencionado en el apartado 3 no afectará negativamente a los derechos y libertades de otros".

## ▶ El derecho de rectificación.

Regulado en el artículo 16 RGPD, en virtud del cual el interesado podrá obtener del responsable del tratamiento la rectificación de los datos personales que le atañan en caso de inexactitud, pudiendo tener también derecho a ser completados.

"El interesado tendrá derecho a obtener sin dilación indebida del responsable del tratamiento la rectificación de los datos personales inexactos que le conciernan. Teniendo en cuenta los fines del tratamiento, el interesado tendrá derecho a que se completen los datos personales que sean incompletos, inclusive mediante una declaración adicional".

## ▶ El derecho de supresión.

También conocido como el derecho al olvido, regulado en el artículo 17 RGPD, en virtud del cual el interesado podrá obtener del responsable del tratamiento la supresión de los datos personales que le atañan, cuando concurran algunas circunstancias, como por ejemplo, que esos datos personales ya no sean necesarios para la consecución de sus fines hayan sido tratados de forma ilícita, etc.

"1. El interesado tendrá derecho a obtener sin dilación indebida del responsable del tratamiento la supresión de los datos personales que le conciernan, el cual estará obligado a suprimir sin dilación indebida los datos personales cuando concurra alguna de las circunstancias siguientes:

a. Los datos personales ya no sean necesarios en relación con los fines para los que fueron recogidos o tratados de otro modo.
b. El interesado retire el consentimiento en que se basa el tratamiento de conformidad con el artículo 6, apartado 1, letra a), o el artículo 9, apartado 2, letra a), y este no se base en otro fundamento jurídico.
c. El interesado se oponga al tratamiento con arreglo al artículo 21, apartado 1, y no prevalezcan otros motivos legítimos para el tratamiento, o el interesado se oponga al tratamiento con arreglo al artículo 21, apartado 2.
d. Los datos personales hayan sido tratados ilícitamente.
e. Los datos personales deban suprimirse para el cumplimiento de una obligación legal establecida en el Derecho de la Unión o de los Estados miembros que se aplique al responsable del tratamiento.
f. Los datos personales se hayan obtenido en relación con la oferta de servicios de la sociedad de la información mencionados en el artículo 8, apartado 1.

2. Cuando haya hecho públicos los datos personales y esté obligado, en virtud de lo dispuesto en el apartado 1, a suprimir dichos datos, el responsable del tratamiento, teniendo en cuenta la tecnología disponible y el coste de su aplicación, adoptará medidas

razonables, incluidas medidas técnicas, con miras a informar a los responsables que estén tratando los datos personales de la solicitud del interesado de supresión de cualquier enlace a esos datos personales o cualquier copia o réplica de los mismos.

3. Los apartados 1 y 2 no se aplicarán cuando el tratamiento sea necesario:

   a. Para ejercer el derecho a la libertad de expresión e información.
   b. Para el cumplimiento de una obligación legal que requiera el tratamiento de datos impuesta por el Derecho de la Unión o de los Estados miembros que se aplique al responsable del tratamiento, o para el cumplimiento de una misión realizada en interés público o en el ejercicio de poderes públicos conferidos al responsable.
   c. Por razones de interés público en el ámbito de la salud pública de conformidad con el artículo 9, apartado 2, letras h) e i), y apartado 3.
   d. Con fines de archivo en interés público, fines de investigación científica o histórica o fines estadísticos, de conformidad con el artículo 89, apartado 1, en la medida en que el derecho indicado en el apartado 1 pudiera hacer imposible u obstaculizar gravemente el logro de los objetivos de dicho tratamiento.
   e. Para la formulación, el ejercicio o la defensa de reclamaciones".

▶ **Derecho a la limitación del tratamiento.**

Regulado en el artículo 18 RGPD, en virtud del cual el interesado podrá obtener del responsable del tratamiento dicha limitación cuando concurra alguna de las condiciones expuestas en el presente artículo, como puede ser que el interesado entienda que sus datos personales hayan sido tratados con inexactitud o incluso ilicitud, pudiendo este oponerse a su supresión y, por tanto, solicitar la limitación de su uso, etc.

> "1. El interesado tendrá derecho a obtener del responsable del tratamiento la limitación del tratamiento de los datos cuando se cumpla alguna de las condiciones siguientes:
>
> a. El interesado impugne la exactitud de los datos personales durante un plazo que permita al responsable verificar la exactitud de los mismos.
>
> b. El tratamiento sea ilícito y el interesado se oponga a la supresión de los datos personales y solicite en su lugar la limitación de su uso.
>
> c. El responsable ya no necesite los datos personales para los fines del tratamiento, pero el interesado los necesite para la formulación, el ejercicio o la defensa de reclamaciones.
>
> d. El interesado se haya opuesto al tratamiento en virtud del artículo 21, apartado 1, mientras se verifica si los motivos legítimos del responsable prevalecen sobre los del interesado.

2. Cuando el tratamiento de datos personales se haya limitado en virtud del apartado 1, dichos datos solo podrán ser objeto de tratamiento, con excepción de su conservación, con el consentimiento del interesado o para la formulación, el ejercicio o la defensa de reclamaciones, o con miras a la protección de los derechos de otra persona física o jurídica o por razones de interés público importante de la Unión o de un determinado Estado miembro.

3. Todo interesado que haya obtenido la limitación del tratamiento con arreglo al apartado 1 será informado por el responsable antes del levantamiento de dicha limitación".

## ▶ Derecho a la portabilidad de los datos.

Regulado en el artículo 20 RGPD, en virtud del cual el interesado tendrá derecho a la obtención de los datos personales que le conciernen y que hubiese facilitado a un responsable del tratamiento, e incluso a transmitirlos a otro responsable, sin poder negarse el anterior. Habiendo entregado todos estos datos en un formato estructurado de lectura mecánica y, además de uso común.

"1. El interesado tendrá derecho a recibir los datos personales que le incumban, que haya facilitado a un responsable del tratamiento, en un formato estructurado, de uso común y lectura mecánica, y a transmitirlos a otro responsable del tratamiento sin que lo impida el responsable al que se los hubiera facilitado, cuando:

a. El tratamiento esté basado en el consentimiento con arreglo al artículo 6, apartado 1, letra a), o el artículo 9, apartado 2, letra a), o en un contrato con arreglo al artículo 6, apartado 1, letra b.

b. El tratamiento se efectúe por medios automatizados.

2. Al ejercer su derecho a la portabilidad de los datos de acuerdo con el apartado 1, el interesado tendrá derecho a que los datos personales se transmitan directamente de responsable a responsable cuando sea técnicamente posible.

3. El ejercicio del derecho mencionado en el apartado 1 del presente artículo se entenderá sin perjuicio del artículo 17. Tal derecho no se aplicará al tratamiento que sea necesario para el cumplimiento de una misión realizada en interés público o en el ejercicio de poderes públicos conferidos al responsable del tratamiento.

4. El derecho mencionado en el apartado 1 no afectará negativamente a los derechos y libertades de otros".

▶ **Derecho de oposición.**
Regulado en el artículo 21 RGPD, en virtud del cual el interesado tendrá derecho a oponerse a que los datos personales que le atañen sean objeto de un tratamiento con fines de investigación científica o histórica o fines estadísticos, entre otros.

"1. El interesado tendrá derecho a oponerse en cualquier momento, por motivos relacionados con su situación particular, a que datos personales que le conciernan sean objeto de un tratamiento basado en lo dispuesto en el artículo 6, apartado 1, letras e) o f), incluida la elaboración de perfiles sobre la base de dichas disposiciones. El responsable del tratamiento dejará de tratar los datos personales, salvo que acredite motivos legítimos imperiosos para el tratamiento que prevalezcan sobre los intereses, los derechos y las libertades del interesado, o para la formulación, el ejercicio o la defensa de reclamaciones.

2. Cuando el tratamiento de datos personales tenga por objeto la mercadotecnia directa, el interesado tendrá derecho a oponerse en todo momento al tratamiento de los datos personales que le conciernan, incluida la elaboración de perfiles en la medida en que esté relacionada con la citada mercadotecnia.

3. Cuando el interesado se oponga al tratamiento con fines de mercadotecnia directa, los datos personales dejarán de ser tratados para dichos fines.

4. A más tardar, en el momento de la primera comunicación con el interesado, el derecho indicado en los apartados 1 y 2 será mencionado explícitamente al interesado y será presentado claramente y al margen de cualquier otra información.

5. En el contexto de la utilización de servicios de la sociedad de la información, y no obstante lo dispuesto en la Directiva 2002/58/CE, el interesado podrá ejercer su derecho a oponerse por medios automatizados que apliquen especificaciones técnicas.

6. Cuando los datos personales se traten con fines de investigación científica o histórica o fines estadísticos de conformidad con el artículo 89, apartado 1, el interesado tendrá derecho, por motivos relacionados con su situación particular, a oponerse al tratamiento de datos personales que le conciernan, salvo que sea necesario para el cumplimiento de una misión realizada por razones de interés público".

Una de las novedades a destacar por este RGPD es la incorporación de la figura del delegado de protección de datos (DPO, *Data Protection Officer*), quien debe contar con conocimientos en Derecho y protección de datos. Sin embargo, no se exige ninguna titulación. Entre sus funciones destaca la de informar y asesorar, supervisar el cumplimiento de la normativa, ofrecer un asesoramiento y cooperar con la autoridad de control.

De forma complementaria hacemos alusión al informe jurídico de la Agencia Española de Protección de Datos (AEPD) nº 128/2007. El Gabinete Jurídico de la Agencia Española de Protección de Datos, analiza de forma exhaustiva la legalidad de *whistleblowing* conforme al leal saber y entender de nuestra normativa española, específicamente en materia de protección, ya que estos sistemas afectan a datos de carácter personal, no solo del denunciante, sino también del denunciado. Sin embargo, la LO 3/2018 de Protección de Datos Personales, en su artículo 24.1 introduce una regulación expresa sobre los sistemas de información de denuncias internas introduciendo como novedad que las comunicaciones que se realicen (poniendo en conocimiento de las organizaciones situaciones irregulares) podrán hacerse incluso anónimamente, mientras que el informe nº 128/2007 no lo permitía.

Del artículo 24.1 se extrae que, "será lícita la creación y mantenimiento de sistemas de información a través de los cuales pueda ponerse en conocimiento de una entidad de Derecho privado, incluso anónimamente, la comisión en el seno de la misma o en la actuación de terceros que contratasen con ella, de actos o conductas que pudieran resultar contrarios a la normativa general o sectorial que le fuera aplicable. Los empleados y terceros deberán ser informados acerca de la existencia de estos sistemas de información".

Otro de los sistemas de garantía con los que cuentan las distintas sociedades es el recogido en la **conocida ▶ Ley Orgánica 3/2007, del día 22 de marzo, para la igualdad efectiva de mujeres y hombres.**

El Real Decreto-Ley 6/2019 de 1 de marzo, consta de siete artículos, que modifican siete leyes que afectan directamente a la igualdad entre hombres y mujeres.

Se da nueva redacción al art. 45.2 LOIMH, rebajando el umbral de personas que trabajen en una empresa de 250 a 50 o más, para que le sea obligatorio elaborar un **Plan de Igualdad.**

Ahora, en cuanto a materias a contemplar en los Planes de Igualdad se establece la obligatoriedad de un contenido mínimo, negociado en su caso con la representación legal de los trabajadores, sumándose al listado precedente, una referencia global a "condiciones de trabajo" que comprendan expresamente las auditorías salariales, el ejercicio corresponsable de los derechos de conciliación y la infrarrepresentación femenina. (Art. 46.2 LOIMH nueva redacción). Se añaden los números 4 y 5 del art. 46 LOIMH, por lo que se crea un Registro de Planes de Igualdad de las empresas y se hace obligatoria la inscripción para ellas.

La nueva Disposición Transitoria 12º LOIMH, establece un periodo transitorio a contar desde el 7 de marzo de 2019, en función de la plantilla de las empresas, como sigue:

"1 año para empresas de más de 150 personas y hasta 250.

2 años para las que tengan más de 100 y hasta 150.

3 años para las empresas de 50 a 100 trabajadores".

También es relevante mencionar el ▶**Dictamen nº 1/ 2006 del Grupo de trabajo del artículo 29.** En el citado documento, el Grupo de Trabajo señalaba que "aplicar las normas de protección de datos de la Unión Europea a los programas de denuncia de irregularidades supone otorgar una consideración específica a la cuestión de la protección de la persona que pueda haber sido incriminada en una alerta. En este sentido, el Grupo de Trabajo enfatiza que los programas de denuncia de irregularidades conllevan un riesgo muy grave de estigmatización y vejación de dicha persona dentro de la organización a la que pertenece. La persona estará expuesta a tales riesgos incluso antes de saber que ha sido incriminada y de que los supuestos hechos se hayan investigado para determinar o no su fundamento".

Asimismo, se concluía que "el Grupo de Trabajo es de la opinión de que una correcta aplicación de las normas de protección de datos a los programas de denuncia de irregularidades contribuirá a paliar dichos riesgos. También es de la opinión de que, lejos de evitar que dichos programas funcionen de conformidad con su objetivo pretendido, la aplicación de dichas normas, por lo general, contribuirá a un funcionamiento adecuado de los programas de denuncia de irregularidades".

**El nuevo ▶ Dictamen 2/2017 del grupo de trabajo del artículo 29** regula lo relacionado con la monitorización de las comunicaciones electrónicas y el tratamiento de datos personales de los trabajadores, centrándose sobre todo en la calificación de la proporcionalidad y del interés legítimo de la sociedad. Concretamente, el dictamen estudia una serie de situaciones en las que la empresa debe calificar su legitimación para realizar estas acciones:

"1. El proceso de contratación.

2. El proceso de evaluación *(in-employment screening)*.

3. La monitorización del uso de las TIC en el trabajo.

4. La monitorización del uso de las TIC fuera del trabajo

5. Supervisión del horario laboral y la asistencia al trabajo.

6. La videovigilancia.

7. El uso de dispositivos de seguimiento en los vehículos de empresa.

8. La comunicación de los datos del trabajador a terceros.

9. La transferencia internacional de datos".

**La Asociación Española de Normalización publicó en 2017 la denominada ▶ UNE 19601,** una norma española que viene regulando el sistema de *compliance,* más concretamente sobre la gestión. Lo relativo al control sobre prevención y detección de comisión de delitos en línea con el artículo 31 bis del Código Penal y las indicaciones de la Circular 1/2016 de la Fiscalía General del Estado.

Hay que destacar que todo lo que establezca no tiene rango de ley, siendo por tanto recomendaciones de aplicación voluntaria, pero con gran relevancia no solo interna sino también de cara al tráfico (pudiendo llegar a ser exigido por otras entidades para interactuar) e incluso judicialmente, pudiéndose aportar como prueba, llegando a servir como atenuante o hasta eximente en algunos casos.

Decimos "en algunos casos", ya que el mero hecho de poseer dicha autorización no significa que se te atenúe o exima automáticamente, pero sí tiene un gran peso como prueba.

Esta UNE parte de una normativa internacional anterior denominada "ISO-19600" que también regulaba este sistema de *compliance,* sin embargo, esa terminación en "1" es lo que le otorga ese carácter certificable a la nueva UNE 19601 de la que carecía la "ISO-19600".

La norma ISO (2) 19600 del año 2015, sobre Sistemas de Gestión de *Compliance,* nos propone un conjunto de directrices con la finalidad de proporcionar orientaciones sobre cómo establecer, desarrollar, ejecutar, valorar, conservar y mejorar un eficiente sistema de gestión de *compliance* en el interior de la empresa.

Este carácter certificable se debe a que la UNE 19601 va un paso más allá, es decir, es más precisa, y requiere de mayor exigencia, estableciendo una serie de requisitos obligatorios a la hora de otorgar dichas certificaciones. Aunque no solo establece unos requisitos a cumplir, sino también una serie de conductas de buenas prácticas a llevar a cabo. Entre los requisitos que se establecen, podemos destacar:

"– Identificar, analizar y evaluar los riesgos penales.
– Disponer de recursos financieros, adecuados y suficientes para conseguir los objetivos del modelo.

- Usar procedimientos para la puesta en conocimiento de las conductas potencialmente delictivas.
- Adoptar acciones disciplinarias si se producen incumplimientos de los elementos del sistema de gestión.
- Supervisar el sistema por parte del órgano de *compliance* penal.
- Crear una cultura en la que se integren la política y el sistema de gestión de *compliance*".

Las certificaciones del modelo de *compliance* son elementos a tener en cuenta para evidenciar que se ha tenido la diligencia debida para prevenir cualquier acto ilícito. Sirviendo además no solo como garantía sino como una mayor eficacia en la gestión, otorgando así un gran prestigio a la compañía. Estas certificaciones tienen una duración de tres años y han de ser realizadas por una organización independiente.

Por todo ello, cada vez son más las empresas que se suman a implementar la UNE 19601. También debemos hacer mención a la ▶ **UNE 19602,** la cual aborda todo lo relativo a la *compliance* de carácter tributario.

**La ▶ ISO 37001 fue publicada en 2016,** siendo relevante en el ámbito de la *compliance* penal por su gestión antisoborno en las entidades, ayudando así a evitar en las distintas compañías este tipo de actuaciones; y no solo eso, sino que también pueden detectarlo y tratarlo.

**Una de las novedades más llamativas en el ámbito internacional del sistema de *compliance* es la publicación de la ▶ ISO 37301** sobre lo relativo al Compliance Management Systems, permitiendo la certificación de todos aquellos modelos que promuevan el cumplimiento de las normas a destacar en cada organización. Esta nueva norma ISO actualiza a la anteriormente mencionada ISO 19600, la cual fue eclipsada por la también citada ISO 37001.

Una de las figuras a destacar es la del ***compliance officer.*** Lo más habitual es que sea personal de la misma empresa, pero actualmente en la práctica se está subcontratando a personal externo a la compañía con el fin de dotarle de mayor eficacia y trasparencia.

Lo que aún no está muy claro en el sentido de saber cuál es la mejor opción es saber si se consigue más eficacia, de manera que las denuncias sean totalmente anónimas (puesto que no podremos pedir información adicional y se puede dar el *handicap* de estar ante denuncias falsas, lo cual en caso de demostrarse deberá estudiarse también por la empresa con el fin de minorar que esto pueda darse), o bien con nombre y apellidos, pero siendo solamente el *compliance officer* la persona que conozca esos datos (lo que podría dar lugar a que muchos delitos queden sin denunciar por temor a que los datos salgan finalmente a la luz y sean conocidos por los infractores o por la cúpula de la empresa, que en ocasiones pueda estar implicada en el mismo).

Lo que está claro es la necesidad de que el *compliance officer* sea totalmente independiente para poder analizar esa denuncia sin poner en peligro al denunciante, y poder resolver un problema interno de la empresa como pueda ser la comisión de un delito.

(2) Las normas ISO (tal y como se puede encontrar cualquier definición en Internet) hacen referencia a las siglas en inglés International Organization for Standardization. Se trata de la Organización Internacional de Normalización o Estandarización, y se dedica en su esencia a la creación de normas o estándares con la finalidad de asegurar la calidad, seguridad e incluso la eficiencia de productos y servicios. Son las llamadas Normas ISO. Así podemos encontrar normas ISO en todos los aspectos relevantes del día a día de una empresa existiendo normas ISO sobre el ruido, sobre medio ambiente, sobre posturas estáticas en el trabajo…

En cuanto al análisis continuo del sistema de cumplimiento, en el Código Penal no aparece ningún plazo para la revisión del sistema de *compliance* ni tampoco cómo realizar dicho procedimiento; a pesar de ello, deberá realizarse. Se debe evitar que se produzca alguna comisión delictiva, pero también poder detectarlo si se da el caso. Para ello, no basta con tener un sistema de cumplimiento cayendo en el riesgo de que este quede obsoleto, sino que deberá ser analizado periódicamente con el fin de poder analizar si la estructura u otras circunstancias de la empresa han cambiado, con el fin de poder ampliar en su caso formación en cuanto a posibles nuevos delitos, o porque —por ejemplo—, la empresa haya empezado a comerciar a nivel internacional, porque haya firmado un acuerdo con otra empresa extranjera, etc., siendo múltiples las posibilidades en las cuales la esencia de la compañía cambie y necesite, tal y como decimos, una revisión del sistema de cumplimiento normativo.

Siempre nos gusta comparar el sistema de cumplimiento normativo con la prevención de riesgos laborales sobre la que todo el mundo conoce algo en mayor o menor medida, y es que, al igual que en la prevención de riesgos laborales es necesario analizar constantemente y de manera periódica posibles daños a los trabajadores con el fin de evitarlos en el *compliance,* tal exigencia es la misma con el fin de no caer en el olvido y ser un tema vivo y cambiante en el seno de la empresa.

La finalidad de dicha revisión es verificar que ese sistema es eficaz, siendo por tanto la revisión un requisito necesario al que alude el presente artículo en su apartado 6º. Estas revisiones podrán realizarse de forma mensual, trimestral o incluso anual, siendo preferible escoger la mensual para garantizar la eficacia del sistema. En caso de que se dé algún indicio de riesgo que pueda afectar a la compañía, se realizará una revisión inmediata, y en caso de necesidad se modificará dicho sistema a la mayor brevedad. Podemos destacar dos tipos de verificaciones del sistema de *compliance penal:* por un lado, la verificación programada, siendo aquella que esté prevista hacer sin que concurra ninguna causa extraordinaria; y, por otro, la verificación extraordinaria cuando existan circunstancias internas o externas que obliguen a realizarla, al igual —de nuevo— que ocurre en prevención de riesgos laborales, cuando se hace un análisis periódico o cuando se estudian las causas cuando sucede un accidente laboral con el fin de que este no vuelva a ocurrir y ni tan siquiera ser posible. En principio, quien debe encargarse de que ese modelo es eficaz debería ser la dirección de la persona jurídica, ya que se supone que es la primera interesada en detectar dichas incidencias y prevenirlas.

En la práctica de otros países no es insólito que para abaratar costes e intentar que su programa se ajuste al concepto ideológico en la industria de la *compliance,* las distintas sociedades tiendan a copiar programas ya creados por otras. Esto crea un serio debate sobre la "idoneidad" del sistema y el verdadero objetivo de la empresa por evitar que se produzcan dichas conductas delictivas.

En las grandes empresas es importante el uso de programas informáticos que controlen a la mayor precisión todos los movimientos internos de la empresa, ya que la probabilidad de que se produzca alguna comisión delictiva o algún error en el control es mayor. Por ello, no debe verse el pago de un buen *compliance* como un gasto (que a veces es elevado puesto que implica un estudio integral de la empresa y la elaboración de un mapa de riesgos), sino como una inversión para que la empresa pueda continuar con su actividad, aun en el caso de que se cometa un delito en su seno, que su administrador o directivos queden absueltos... Más todas las demás ventajas que ya hemos visto a lo largo de este libro.

# El *compliance* en empresas o departamentos de recursos humanos (RRHH)

La implantación de los sistemas de *compliance* no sería posible sin contar con la colaboración de los Departamentos de Recursos Humanos, y ello porque son esos departamentos los que mejor conocen la personalidad, los aciertos y los fallos de los empleados y trabajadores responsables de la producción de la empresa. Los Departamentos de Recursos Humanos pueden, pues, diseñar un mapa de riesgos y conseguir una buena implantación de un sistema de *compliance.*

Los departamentos de recursos humanos junto al *officer compliancer,* o responsable de cumplimiento, y también con el responsable de auditoría interna, son quienes conocen verdaderamente cuáles son los riesgos que existen en cada puesto de la empresa, en función de qué tareas tengan asignadas todos y cada uno de los empleados que conforma el activo subjetivo de la empresa, y también son conocedores de los riesgos que pueden darse en puestos directivos.

Desde luego no podrá establecerse un modelo único de *compliance,* porque habrá casi tantos modelos como tipo de actividades, y dentro de cada actividad las empresas también serán todas diferentes, por lo que cada empresa necesitara un sistema de *compliance* hecho a la medida. Los Departamentos de Recursos Humanos, junto al responsable de *compliance,* son quienes tendrán que desarrollar el mapa de los riesgos de cada puesto de trabajo, en función de en qué consista la precisa labor en el mismo. Es más, tendrán que examinar el perfil de cada trabajador y ponerlo en conexión con la labor que desarrolle, para calcular el riesgo subjetivo de cada puesto de trabajo. Después tendrán que establecer las medidas idóneas para evitar los incumplimientos del sistema de control y de los códigos éticos, tan importantes como aquellos, los canales de denuncias y los procedimientos sancionadores.

Tan importante como todo lo anterior es la labor de formación continua a los empleados sobre lo que es la cultura *compliance* de la empresa, y sobre los cambios normativos que se sucedan. No debemos de olvidarnos que no sería posible la implantación de un sistema de *compliance* si no contamos con la decidida voluntad de establecerlo por parte de los órganos directivos de las empresas, que tiene que preocuparse además de planificar y establecer la cultura del cumplimiento a través de códigos éticos y de un proceso de formación permanente.

El Departamento de Recursos Humanos tiene también que ocuparse del seguimiento del sistema de *compliance* por parte de los empleados, asegurándose de que los empleados lo conocen y lo aceptan, aplicándolo en sus tareas cotidianas en la empresa, y paralelamente, desarrollar una continua labor de formación.

Finalmente, el Departamento de Recursos Humanos, como encargados de la contratación de su personal, están mejor ubicados que nadie para velar de que las personas que se integren en la empresa sean personas responsables y con valores éticos ajustados al sistema de *compliance* de la empresa. Igualmente, como encargados de solventar las situaciones de despido en la empresa, están más capacitados que cualquier otro para desprenderse de aquellos que no quieran cumplir el sistema de cumplimiento y la normativa ética de la empresa, y para conocer a través del canal de denuncias, las irregularidades que se pueden cometer, ocupándose de tramitarlas hasta el final.

# El *compliance* en empresas o departamentos de ventas

La implantación de un sistema de *compliance* hace mejores y más fuertes a las empresas, y no solo porque impide la comisión de incumplimientos del ordenamiento jurídico, sino porque le da prestigio dentro y fuera de la empresa. No cabe duda de que si la empresa se guía a través de una cultura de *compliance,* contará con una plantilla contenta de trabajar en ella, y también con el apoyo de los sindicatos, instalando en la empresa un avanzado sistema de seguridad laboral.

Si conseguimos transparencia en los sistemas de compra a los proveedores y de venta a los clientes, tendremos ventajas frente a otras empresas, pues es importante el respeto, y la imagen que tengan de nuestra empresa proveedores y clientes, así como las administraciones públicas nacionales y extranjeras, así como las sociedades privadas como compañías de seguros y entidades bancarias, es fundamental.

Es obvio que nuestra empresa estará mejor posicionada para licitar ante una corporación pública que otra empresa que no cuente con un sistema de *compliance,* ya que tendrá mejor reputación. Igualmente, si contamos con la implantación de un sistema de *compliance* en nuestra empresa, obtendremos ventajas en la contratación de pólizas de seguros, pues disminuyen los riesgos y los siniestros de índole laboral, pero también los relativos a la actividad comercial, nacional e internacional. Se hace necesario que, a través de la implantación de un sistema de *compliance* transparente y en el que participen todos los trabajadores y directivos, se mejore el departamento de atención al cliente, porque ello nos dará buena reputación frente a aquellos, posicionándonos mejor que aquellas otras empresas que no cuenten con un sistema de cumplimiento normativo y ético.

Si finalmente llegamos a la conclusión de que es necesario tener en nuestra empresa un sistema de *compliance* normativo y ético, conseguimos que nuestra empresa produzca más y mejor que los trabajadores se encuentren en una empresa con buen ambiente laboral, con incentivos por cumplir la normativa del *compliance,* con una excelente reputación con clientes y proveedores, con ventajas frente a las empresas que no cuenten con un sistema de *compliance* a la hora de contratar en subastas concursos y licitaciones públicas, a la hora también de abaratar la contratación con seguros y entidades bancarias, y también y muy importante con grandes ventajas en la contratación con empresas extranjeras.

Si establecemos un sistema de compra y de venta trasparente, sencillo y regulado con el sistema de cumplimiento normativo, la empresa será más competitiva, y estará en ventaja frente a las que no cuente con él. Si establecemos sistemas transparentes de atención al cliente, ganaremos reputación y fidelizaremos a nuestra clientela.

El cumplimiento normativo de todo aquello relacionado con el proceso de venta, nos facilitara mejores prácticas y mayores ventas. La Comisión Nacional de los Mercados y la Competencia, reconoce que los sistemas de *compliance* normativo, sirven para eludir parcial o totalmente la responsabilidad de las personas jurídicas ante los incumplimientos de la normativa de defensa de la competencia.

Hay que concluir que la implantación de un sistema de cumplimiento normativo facilitará las ventas de nuestra empresa, además de evitar los riesgos y sanciones de los incumplimientos.

# Sentencias ilustrativas a tener en cuenta para entender a modo práctico qué es el *compliance*

Dado que estamos en el tramo final del libro, vamos a atacar el problema de una manera más práctica, para lo cual os vamos a desgranar algunas de las primeras sentencias acontecidas en España y que empezaron a poner en el punto de mira a las personas jurídicas como responsables **directas** de lo que en esa empresa ocurría. Para un cliente al que informas sobre este tema o para alguien que no esté en contacto con el mundo del derecho explicar cómo una empresa, un ente que físicamente no puedes tocar, es complicado; sin embargo, cuando les explicas las posibles consecuencias que puede tener para su futuro, el no tener un buen programa de cumplimiento o *compliance* penal en su empresa ya se mira de otra forma…

Vamos a intentar evitaros lo tedioso que puede ser a veces leer determinadas sentencias para explicaros los puntos a tener en cuenta y el por qué de esos puntos… No dejéis de leer este apartado, porque creemos que es en el cual terminaréis de entender de qué trata el *compliance*… ¡Vamos allá!

► **Sentencia 221/2016 de 16 de marzo de 2016 del Tribunal Supremo, recurso 1535/2015.**

Esta es la segunda sentencia de este organismo dictada sobre la responsabilidad de las personas jurídicas, y está **intentando plasmar cómo debe condenarse o absolverse** de una manera correcta y acorde a la ley. En concreto, la Sala Segunda establece que la imposición de penas a las personas exige del fiscal el mismo esfuerzo probatorio que le es requerido para justificar la procedencia de cualquier otra pena cuando esta tenga como destinataria a una persona física; que la **acusación e intento probatorio contra ambas partes, empresa y empresario discurran en paralelo y no por separado,** puesto que la imputación de una puede no llevar aparejada la de la otra (y aquí entra en juego sobre todo el *compliance* para evitar que efectivamente el empresario se vea salpicado…). Es, a mi modo de ver, el intento de implicar a persona física y jurídica para poco a poco desgranar ambas responsabilidades y determinar quién es culpable y quien no y en base a qué.

Deben analizarse a lo largo de todo el proceso las dos vertientes: probar la acción, el delito de la persona física, y determinar la responsabilidad penal de la personalidad jurídica.

En esta sentencia finalmente se absuelve a la empresa más que nada, porque en su recurso de casación consiguen probar que no se imputó desde un principio a la empresa y a su representante legal, no habiendo tenido posibilidad de defenderse en igualdad de condiciones al igual que debe serlo cualquier otra persona sea física o jurídica. Desde luego, debió ser un gran respiro para la empresa condenada (una inmobiliaria condenada por estafa por cobrar doble comisión a comprador y vendedor sin estos saberlo), ya que la sentencia de la Audiencia Provincial la había condenado a la **empresa** al **cierre durante 6 meses** y al pago de una **multa de 24 000 euros,** mientras que al **empresario y a otro empleado** les habían condenado a dos años de **prisión.**

Así, esta sentencia determina que la responsabilidad de la persona jurídica no viene implícita por el hecho de que la persona física haya cometido un delito. La empresa solo responde cuando se hayan incumplido gravemente los deberes de supervisión, vigilancia y control de su actividad, atendidas las circunstancias del caso.

Recoge "desde la perspectiva del derecho a la presunción de inocencia, el juicio de autoría de la persona jurídica exigirá a la acusación probar la comisión de un hecho delictivo por alguna de las personas físicas a que se refiere el apartado primero del art. 31 bis del CP, pero el desafío probatorio del fiscal no puede detenerse ahí. Lo impide nuestro sistema constitucional. Habrá de acreditar además que ese delito cometido por la persona física y fundamento de su responsabilidad individual, ha sido realidad por la concurrencia de un delito corporativo, por un defecto estructural en los mecanismos de prevención exigibles a toda persona jurídica, de forma mucho más precisa, a partir de la reforma de 2015. Así como que, en la medida en que el defecto estructural en los modelos de gestión, vigilancia y supervisión constituye el fundamento de la responsabilidad del delito corporativo, la vigencia del derecho a la presunción de inocencia impone que el M. Fiscal no se considere exento de la necesidad de acreditar la concurrencia de un incumplimiento grave de los deberes de supervisión. Sin perjuicio de que la persona jurídica que esté siendo investigada se valga de los medios probatorios que estime oportunos —pericial, documental, testifical— para demostrar su correcto funcionamiento desde la perspectiva del cumplimiento de la legalidad.

▶ **Sentencia, esta del Juzgado de Instrucción nº 2 de Iruña (Pamplona) de 29 de marzo de 2017 recurso 1112/2015.**

Que os aconsejo leer, puesto que aunque no sienta jurisprudencia, sí es una de las primeras sentencias, y analiza muy bien la responsabilidad penal de las personas jurídicas. En concreto, analiza la posición procesal que debía ostentar un club de fútbol sobre "la comisión de uno o varios delitos de corrupción deportiva presuntamente cometidos por varios directivos de este club y por varios jugadores de fútbol" además analiza la comisión de los delitos de apropiación indebida, delito de falsedad contable, delito de falsedad en documento mercantil y delito de corrupción deportiva. El delito de corrupción deportiva se recoge en el artículo 286 bis 4) del Código Penal (CP) uno de los que pueden ser cometidos por personas jurídicas conforme a los artículos 31 bis y 288 del Código Penal. A lo largo de esta sentencia se intenta dilucidar si el Club pasaría de ser investigado a imputado. La sentencia, según manifiesta literalmente, no quiere hacer un estudio doctrinal sobre la responsabilidad penal de las personas jurídicas, posibilidad que "introducida en el Código Penal mediante la LO 5/2010 de 22 de junio" sino determinar la existencia de responsabilidad.

No podemos de dejar de copiar literalmente lo que se recoge en su punto tercero:

TERCERO. En efecto, respetar el principio de culpabilidad es esencial en cualquier interpretación que se haga del artículo 31 bis del Código Penal, no solo por venir exigido por los artículos 5 y 10 del Código Penal (que no han sido modificados en ninguna de las dos ocasiones en las que el legislador ha regulado la responsabilidad penal de las personas jurídicas) sino también por los más elementales principios del derecho penal democrático, que proscribe cualquier tipo de derecho penal de autor y de responsabilidad por el resultado. Por ello, toda responsabilidad penal de una persona jurídica debe estar basada en el dolo o la culpa, lo que resulta ciertamente difícil de trasladar a un ente colectivo que carece de los resortes subjetivos de intencionalidad o previsibilidad sobre los que descansa la culpabilidad, los cuales únicamente pueden existir en la persona física a través de la cual actúa la persona jurídica. Pero la dificultad de apreciar dicho elemento del delito en una persona jurídica no puede, sin más, llevarnos a la conclusión de que, respecto de ellas, no es necesaria su concurrencia. Máxime si tenemos en cuenta que el principio de culpabilidad tiene alcance constitucional, tal y como ha reconocido el Tribunal Constitucional en numerosas resoluciones. Así, la STC 59/2008, de 14 de mayo dice:

"La Constitución Española consagra, sin duda, el principio de culpabilidad como principio estructural básico del derecho penal (STC 150/1991, de 4 de julio, FJ 4 a); también SSTC 44/1987, de 9 de abril, FJ 2, 150/1989, de 25 de septiembre, FJ 3; 246/1991, de 19 de diciembre, FJ 2) como derivación de la dignidad de la persona (STC 150/1991, FJ 4 B), y... ello comporta que la responsabilidad penal es personal, por los hechos y subjetiva: que solo cabe imponer una pena al autor del delito por la comisión del mismo en el uso de su autonomía personal. La pena solo puede imponerse al sujeto responsable del ilícito penal (STC 92/1997, de 8 de mayo, FJ 3; también SSTS 146/1994, de 12 de mayo, FJ 4 B); no sería constitucionalmente legítimo un derecho penal de autor, que determinara las penas en atención a la personalidad del reo y no según la culpabilidad de este en la comisión de los hechos (STC 150/1991, FJ 4 A); y no cabe la imposición de sanciones por el mero resultado y sin atender a la conducta diligente del sujeto sancionado, a si concurría dolo, culpa o negligencia grave y culpa o negligencia leve o simple negligencia (SSTC 76/1990, de 26 de abril, FJ 4 A; 164/2005, de 20 de junio, FJ 6), al elemento subjetivo de la culpa (STC 246/1991, de 19 de diciembre, FJ 2).

De igual manera, la STC 76/1990, por su parte, afirma que 'el artículo 24.2 de la Constitución repudia la responsabilidad presunta y objetiva'".

Pues bien, esta sentencia fue recurrida y finalmente el Tribunal Superior de Justicia de Navarra confirmó la exigencia de una fianza de más de 1,4 millones de euros al expresidente del club; además, se recoge que de la autorización de salida de 2 640 000 millones de euros de las cuentas del club al menos 1 117 299 euros están sin justificar.

Después de esta sentencia, por desgracia, como en todos los ámbitos ha habido algunas más. Y digo "por desgracia" no solamente en cuanto a la comisión de un delito se refiere, sino a que el mundo del fútbol es punto de referencia y de inspiración para muchos jóvenes que ven en el futbol su pasión, con lo que esperemos sean conocedores de estas sentencias y que sean conscientes de qué no debe hacerse.

Es importante destacar que hay determinados delitos que con la simple intención de cometerse ya estamos ante un ilícito penal, y uno de esos delitos es el de corrupción; es decir, que da igual en qué grado se ha cometido o si se ha llegado a cometer, pues lo que importa es que ha habido esa intención. En este caso en concreto, no se pudo determinar la autoría de la persona jurídica —el club—, gracias a lo cual pudo salir airoso de una posible condena en multa, desprestigio y de incluso —muy posiblemente—, su disolución, con todo lo que ello conlleva en cuanto a pérdida de puestos de trabajo a todos los niveles, pérdida de poder adquisitivo de Pamplona que dejaría de recibir visitantes que acudieran a los partidos de fútbol, etc.

Lo importante de esta sentencia, sin lugar a dudas, fue la imposición por parte de la Federación, de la Liga, y a nivel internacional, de que todos los equipos de las primeras divisiones tengan un cumplimiento normativo actualizado y eficaz.

▶ Interesante sentencia del **Tribunal Supremo de 5/3/2019, Sala Segunda (la conocida como "de lo penal"), recurso 10024/2018.**

Digo "interesante" porque aquí se condena como responsable civil subsidiaria a una entidad bancaria que había absorbido a la entidad bancaria realmente responsable.

Se condena a un grupo de personas por una estafa continuada a varias empresas y personas físicas, pero lo que aquí nos interesa en cuanto al *compliance* es que se condenó, como decimos, a una entidad bancaria **porque sus empleados no avisaron de las posibles actuaciones ilícitas que podía estar cometiendo uno de sus clientes.** Concretamente:

"[...] señala el recurrente que su actuación favoreció el resultado condenatorio del presente procedimiento extremadamente complejo, facilitando la tarea del Tribunal. También expone que la aportación del certificado original de solvencia y los correos electrónicos cruzados con [...]. Ha facilitado la condena como responsable civil subsidiaria de [...], lo que junto a la aportación que ha efectuado de 300 000 euros, ha asegurado la indemnización de los perjudicados. Sin embargo, han sido estas circunstancias precisamente las que han llevado al Tribunal de instancia a la apreciación de la circunstancia analizada. Además, según se expresa en la resultancia fáctica y en la fundamentación jurídica de la sentencia, han sido acreditadas otras circunstancias, de las que se derivan las relaciones existentes entre el acusado y los empleados de [...], y las actuaciones llevadas a cabo por estos que facilitaron la actividad delictiva. Entre ellas se encuentran la apertura de multitud de cuentas destinadas en exclusiva al ingreso por la víctimas de las cantidades que supuestamente aportaban a prósperos negocios, así como su traspaso a otras cuentas abiertas en la entidad a nombre del acusado o de las sociedades pantalla que utilizaba a fin de disfrutar del dinero ilícitamente obtenido y de proceder a su ocultación sustrayéndolo de cualquier medida de intervención. Igualmente, a través de la testifical practicada, se ha podido demostrar que los empleados de la entidad informaban verbalmente a las víctimas de la excelencia del negocio y de la solvencia del Sr. Desiderio y de sus sociedades. Y en todo caso, pese a la conformidad de los acusados, la sentencia de instancia ha explicado de forma precisa y detallada todas y cada una de las pruebas a través de las cuales se infiere sin duda alguna la participación de los acusados en los hechos por los que han sido condenados. Son aquellas circunstancias las que han llevado a declarar la responsabilidad civil subsidiaria de [...] como sucesora de [...], junto al hecho de que los empleados de la entidad de crédito no alertaran a los responsables de la misma de los movimientos sospechosos en las cuentas corrientes que manejaba el acusado y que evidenciaban una clara falta de actividad empresarial y mercantil, que no dieran aviso al departamento de ***compliance*** de la entidad bancaria, y que la entidad bancaria incumpliera los deberes impuestos por la normativa bancaria sobre prevención de blanqueo de capitales".

Además, en uno de los motivos de la casación que analiza esta extensa y muy bien detallada sentencia, es el que intenta la parte recurrente-condenada en el sentido de intentar hacer valer "el sin que las citadas sociedades y dominios hayan sido parte en el presente procedimiento, sin que haya mediado acusación frente a ellas y sin que se les haya permitido defenderse ni dado audiencia. Ello ha supuesto la vulneración del artículo 24.1 y 2 del Código Penal, generando indefensión. Considera que debería haberse aplicado la norma penal vigente en el momento de los hechos, Ley Orgánica 10/1995, de 23 de noviembre, del Código Penal frente a la actual, Ley Orgánica 5/2010, de 23 de junio, de modificación del Código Penal". Frente a esto, la sentencia contesta que no se puede dar audiencia a unas empresas que no existen de manera lícita, tratándose de meras empresas pantalla creadas expresamente para cometer el delito y sin que realmente estuvieran realizando ninguna actividad mercantil, con lo que no pueden tener derechos como una persona jurídica lícita y no pueden entrar dentro del artículo 31 bis del Código Penal (y que como ya hemos aprendido gracias a la lectura de este libro es el que habla de la responsabilidad penal de las personas jurídicas).

En esta sentencia también se recoge la denegación de la casación presentada directamente por […] (condenada, recordemos, como responsable civil subsidiario, lo que quiere decir que responde de los daños a nivel económico en el caso de que los responsables directos no tengan solvencia) recogiendo lo siguiente:

"Pese a ello, la entidad bancaria […] no adoptó ninguna medida preventiva, ni llevó a cabo la vigilancia y control que le correspondía. Y en el fundamento duodécimo de la sentencia se explica y relaciona la concurrencia de los elementos necesarios base de la condena de […]. como responsable civil subsidiaria, reiterando las numerosas transferencias habidas entre las múltiples cuenta abiertas en la entidad bancaria, el certificado de solvencia emitido, las referencias favorables ofrecidas a terceros, la falta de actividad empresarial y mercantil que reflejaban los movimientos de cuentas, etc., así como la falta de cualquier comprobación sobre el destino y movimientos del dinero ingresado, hasta llegar a vaciar las cuentas de …".

A continuación desarrollo una sentencia en la cual está implicada también un banco, en este caso extranjero, que abrió filial en España, pero en la cual se alaba el cambio desarrollado por tal entidad en el sentido de tomar cartas en el asunto y "darle caña" al asunto del *compliance* o cumplimiento normativo, que como hemos visto es sumamente importante; sin embargo, se afirma que este cambio no ha sido de tal envergadura como para poder hacer desaparecer la medida.

▶ **Sentencia de la Audiencia Nacional, Sala de lo Penal, Sección Segunda de 30/6/2020,** y por tanto ya más actual que las comentadas anteriormente. **Sentencia 14/2020 recurso 3/2020.** Aquí está enjuiciando el delito de blanqueo de capitales.

En el acto de la vista el banco "mostró su disconformidad con la medida de seguridad *post delictual* solicitada de inhabilitación para obtener subvenciones o ayudas públicas, gozar de incentivos y beneficios fiscales o de la SS por dos años".

Aquí vemos de nuevo el alcance y la importancia de las condenas a las empresas. No solamente existen de hecho sentencias que condenan a cuantías económicas, sino que existen condenas que, a futuro, pueden hacer peligrar la viabilidad de la empresa, puesto que muchas empresas dependen literalmente de ayudas fiscales para poder subsistir o competir en su campo.

Esta sentencia recoge la importancia de las actuaciones de los directores de entidades bancarias, los cuales "son sujetos obligados de primer orden conforme a la normativa legal sobre prevención del BC y FT. Tienen expresas obligaciones legales de diligencia, debida en la identificación y conocimiento del cliente, y titulares reales en el seguimiento y verificación de sus actividades y flujo de fondos".

En cuanto a la mejora, pero aun no suficiente cumplimiento normativo recoge lo siguiente:

> "La parte objeta la mejora sustancial del modelo de *compliance* antiblanqueo adoptado, así como los sistemas de control interno para la prevención del blanqueo de capitales y financiación del terrorismo, lo cual se reconoce por el Ministerio Fiscal y se acredita también a través de informes de terceros independientes. Respecto de esta afirmación, el tribunal nada tiene que decir, excepto que estima que no es el único riesgo existente que haya de valorarse.
>
> Ciertamente, lo afirmado debe considerarse como un factor objetivo de disminución del riesgo, en cuanto que según se afirma, ya no existiría el descontrol organizativo de la entidad, que es el que propició que la sucursal española fuera el instrumento idóneo utilizado por los autor/as como partícipes en operaciones masivas de blanqueo de dinero al servicio de organizaciones delictivas, pero no implica que con ello desaparezca cualquier riesgo futuro de instrumentalización de la entidad para este u otros fines delictivos, que es en definitiva lo que debe tenerse en cuenta como presupuesto para la medida de seguridad.
>
> A este respecto, debe tenerse en cuenta el precedente del grave fracaso —que se tiene por involuntario, por absoluto desconocimiento de la situación— en sus obligaciones de control final por parte de la entidad

sobre la actividad de sus filiales, al menos la filial española, en materia de cumplimiento de normativa y prácticas en materia de blanqueo y de financiación del terrorismo. La medida de seguridad tendría dicha finalidad, es decir, evitar que la entidad española pueda ser instrumentalizada en el futuro en una situación delictiva del mismo o de otro tenor realizable desde ella.

Ciertamente, la medida de seguridad de inhabilitación para obtener subvenciones o ayudas públicas para gozar de incentivos y beneficios fiscales o de la SS por dos años, es de muy corto y limitado alcance; pero lo cierto es que el catálogo de consecuencias accesorias que prevé el art 129 CP con su remisión a la lista limitada del nº 7 del art 33, da pocas opciones a la hora de establecer una medida de seguridad de verdadero efecto y eficacia frente a todos los posibles riesgos delictivos. Sin embargo, no por ello la específicamente solicitada por el ministerio fiscal, muchísimo menos gravosa que otras de las previstas en la norma, es inadecuada por inútil —que no lo es—, aunque deba en este sentido tenerse por algo de limitado efecto. Este razonamiento nos conduce de igual modo a afirmar la proporcionalidad concreta de la medida, precisamente por la levedad relativa de la medida específica, aunque tenga la consideración formal como pena grave, a tenor del art 33.7 CP.

Respecto la temporalidad del riesgo, afirmamos con el ministerio público que en la actualidad sigue existiendo, al menos basándose en la situación y los procedentes cabe realizar un juicios razonable sobre su existencia. En este juicio de pronóstico, cabe decir que los aspectos organizativos y estructurales son una parte importante, en cuanto que los defectos organizativos y estructurales de entonces en la sucursal española fueron aprovechados por los autores. Pero también debe decirse que no fueron el único factor que contribuyó al delito.

Influyó, a nuestro juicio, la idoneidad —por múltiples factores— de la entidad, con el fin de ser instrumentalizada, aunque siendo los autores condenados los que voluntariamente participaron en el incumplimiento de las normas y llevaron a cabo las prácticas penalmente reprochables, ocultándolo de forma intencionada a la entidad matriz, siendo la realidad de esta interferencia causal la finalmente determinante de su ausencia de responsabilidad penal, ante una así mismo afirmable falta de medidas de control eficaces sobre la mencionada filial española por su parte, a tenor de los resultados producidos.

Puede afirmarse, no obstante, que se trata de un riesgo comparativo de menor entidad que el previamente existente, pero no ausente en la actualidad. Precisamente, uno de los valores de la medida de seguridad, en el presente caso, sería patentizar la existencia de alguna clase de riesgo de comisión de futuro delito, de tal manera que la seguridad solicitada, por sus características limitadas, resulta proporcional al carácter del riesgo.

Por todo ello, el Tribunal considera procedente adoptar la medida de seguridad solicita por el fiscal".

► **Sentencia del Tribunal Supremo de 3 de julio de 2019. Sentencia 338/2019, recurso 803/2018.**

Aquí se enjuicia un delito de falsedad en documento mercantil por alterar el contenido de la contabilidad del programa informático.

Aquí el condenado, gerente de la empresa cuyo fin comercial era la compraventa de oro, se sirvió de su posición para omitir varias compras de oro. A continuación copio literalmente lo que incluye la sentencia en cuanto a la importancia del cumplimiento normativo o *compliance* penal:

> "En la misma línea que la sentencia antes citada, en la también reciente sentencia de esta Sala 365/2018 de 18 Jul. 2018, Rec. 2184/2017, apelamos a la necesidad de que las empresas tengan programas de cumplimiento normativo internos, como *compliance,* al objeto de evitar la delincuencia ad intra que se comete en delitos de apropiación indebida, administración desleal o, como en este caso, delitos de hurto y falsedad documental cometidos dentro de la empresa tanto por empleados —como aquí ocurrió—, como por directivos".

En estos supuestos ya expusimos que este tipo de programas de cumplimiento del derecho y de fiscalización de su observancia por directivos y empleados evitan —o dificultan al menos— que se lleven a cabo estas prácticas que, a la larga, se han realizado en estos casos por la propia confianza que existe en quien lleva largo tiempo trabajando y que, además de constituir una agravación de la responsabilidad, supone una deslealtad por el aprovechamiento que lleva a cabo de realizar el acto a sabiendas de la dificultad de su detección si conjuga actos de apoderamiento con actos de falsedad para enmascarar los primeros, una vez estos ya se han realizado. En esta sentencia se trataba de actos "falseando la contabilidad interna de la empresa, registrando en las partidas destinadas a 'otros gastos' datos falsos en relación a los gastos variables. Manipulando datos del ordenador".

## ▶ Sentencia del Tribunal Supremo de 14 de octubre de 2020. Sentencia 507/2020, recurso 10575/2018.

¿Quién no ha oído hablar del caso Gürtel? No entramos en valoraciones de partidos políticos de una u otra índole, pero esta sentencia nos parece interesante puesto que fue y es conocida por todo lo que ello implicó, en cuanto a votantes descontentos, a las consecuencias para muchos de los integrantes del partido, a su pérdida de reputación, por solo numerar un largo etcétera que trajo el gran primer caso contra un partido político. En este caso se estudiaba la comisión o no de un delito continuo para hacerse con fondos públicos por medio de una empresa destinada a cuestiones de eventos, *marketing*… Pues bien, esta empresa conseguía contrataciones públicas (cuando estas debían hacerse realmente por subastas y concurso público) cuyos precios se hinchaban para conseguir un sobreprecio y con ello una ganancia, tanto para el partido político como para la empresa de eventos.

Mediaron sobornos, falsificación de facturas, y se tejió un entramado que se extendió por toda España y a todos los niveles de ayuntamientos, comunidades autónomas…

Para que se haga una idea el lector, se defraudaron millones de euros con muchísimas empresas implicadas, ficticias algunas pero otras reales, y cientos de personas, algunas conocedoras de los hechos y otras no.

Según recoge la sentencia:

"[...]es frecuente hacer figurar al frente de las mismas a personas ajenas al negocio, bien mediante el pago de un precio por acudir simplemente a firmar los documentos o escrituras a notarias o registros públicos, bien simplemente usurpando directamente la personalidad de terceras personas mediante utilización de documentos de identidad falsos o sustraídos a sus propietarios.

Existe otra forma de dificultar la identificación de los titulares, más sofisticada, que consiste en el enmascaramiento de los titulares mediante el empleo de sociedades cuyos accionistas son a su vez otras entidades mercantiles, cuando así, sin entramado de sociedades, concurriendo a veces que las compañías partícipes figuran con domicilio en el extranjero, principalmente en los denominados paraísos fiscales, siendo el acceso a sus registros mercantiles y entidades de crédito —a través de las correspondientes comisiones rogatorias— complejo, y las más de las veces infructuoso.

Por tanto, con el empleo de estas entidades se consigue la opacidad de operación, al desconocerse la identidad de los verdaderos socios y el destino formal de los beneficios obtenidos".

Por ello, los tribunales han tratado de evitar la impunidad de las operaciones efectuadas, sirviéndose de sociedades mercantiles, venciendo las dificultades probatorias respecto de aquellas personas físicas que amparan sus conductas bajo una apariencia societaria. Dicha andadura se inició dentro de la jurisdicción civil, mediante sentencia de la Sala 1ª del Tribunal Supremo de 28.5.84, trasladándose al ámbito penal mediante las sentencias de la Sala 2ª de 24.7.89, respecto de un delito de alzamiento de bienes, y finalmente aplicada a un supuesto de delito fiscal en la de 20.5.96. Esta doctrina, denominada "del levantamiento del velo", tiene su origen en Estados Unidos precisamente para salvar la amenaza de que en determinados sectores industriales las empresas pudiesen eludir el control fiscal mediante su constitución y domicilio en países extranjeros, basándose en la idea de "mirar la sustancia y despreciar la forma".

Ni que decir tiene el impacto reputacional que este caso tuvo para este partido político, además del económico, al ser condenado como responsable civil a devolver el dinero con el que se lucró. Si el partido político hubiera tenido un buen sistema de cumplimiento normativo o *compliance,* esto se habría evitado, o al menos habría minorado su responsabilidad, y posiblemente las consecuencias de la comisión de ese delito dentro de su organización.

► **Sentencia nº316/2018 de 28 de junio de 2018 del Tribunal Supremo recurso 2036/2017.**

Aquí el Tribunal Supremo alaba la importancia de los programas de cumplimiento con el fin de mitigar el riesgo y exonerarlas de la responsabilidad penal de los delitos cometidos por sus directivos y empleados, condenando aquí al exadministrador de la empresa. Entre otras acciones, quedó probado que:

"[...] durante este periodo y sin el consentimiento del otro administrador solidario, procedió a realizar disposiciones en efectivo de 'caja' y transferencias a su cuenta bancaria personal sin justificación alguna de su destino; asimismo, periódicamente y sin conocimiento del otro administrador, se fueron realizando transferencias bancarias a su cuenta personal por importe de 1000 euros mensuales, ascendiendo el importe total a la suma de 126 976,96 euros.

De idéntica manera y sin conocimiento ni autorización del otro administrador, procedió a domiciliar en las cuentas de la sociedad las facturas de sus gastos personales, correspondientes a sus teléfonos móviles, los de su familia —pareja e hijo—, sus empresas, a la televisión de pago —Gol Televisión—, cuotas de afiliación al partido político [...] y de un club de fútbol, [...], ascendiendo su importe a un total de 19 154,07 euros.

En fecha 8 de marzo de 2010 el acusado, como administrador de la sociedad, recibió por parte del cliente, [...], la suma de 85 000 euros en metálico, ingresando en la cuenta de la sociedad la cantidad de 82 000 euros, restando por ingresar los restantes 3000 euros, sin causa justificada.

En fecha 22 de junio de 2009, el acusado constituyó una garantía en nombre de la sociedad en relación con la operación de un préstamo solicitando en el año 2006 por la empresa (…), de la que era accionista y administrador único el acusado, operación que llevó a efecto sin conocimiento ni autorización del otro administrador, (…)".

La empresa debió llevar a cabo una buena labor probatoria con el fin de exculpar a la empresa como tal y al otro administrador solidario, puesto que aquí se le despidió por pensar que había gestionado mal la empresa, en el sentido de pérdida de calidad del carbón vendido (pérdida que luego se descubrió como querida por el acusado para vender carbón de mala calidad a precio de buena calidad), y le dijo no tener nada que reclamarle para, posteriormente, hacer una auditoría de las cuentas y de lo sucedido, momento en el cual el otro administrador y la empresa como organización fueron conocedores de los delitos cometidos.

Fue importante aquí la labor de investigación de la empresa, que si bien fue después de cometidos los delitos, ya que fue ahí cuando tuvo conocimiento de los mismos, llevó a cabo una "corroboración de estos datos por su reacción ante las irregularidades detectadas por la Agencia Tributaria, en la que pone en marcha los mecanismos necesarios para detectar la realidad, causas y consecuencias de tales irregularidades, comenzando por el abono de la multa administrativa y recargos correspondientes y continuando con el encargo de una auditoria como mecanismo de investigación, que resultaría superflua e innecesaria de ser cierta la versión del acusado".

Y a continuación recoge la importancia del *compliance*: "Sin embargo, la interpretación acertada que sigue el Tribunal es la que se convalida por esta Sala, ya que de ser así cualquier administrador que tiene autorización, obviamente, de gestión por parte de la sociedad para la que trabaja o a quien representa, podría, bajo ese manto de 'autorización', realizar los actos dispositivos que quisiera en su propio beneficio y en perjuicio de la sociedad, sin que ello supusiera por su parte un delito de apropiación indebida, por entender que está 'autorizado'". Pero es que la autorización que tienen los administradores societarios son y están dirigidas para gestionar de forma diligente las sociedades para las que trabajan o a quien representan.

Por ello ha sido pieza esencial en la reestructuración del buen gobierno corporativo de las sociedades, el hecho de que se implanten e implementen protocolos de buena gestión de los administradores de las sociedades mercantiles, a fin de que sus gestores actúen con arreglo a unos parámetros que ya se fijaron en el año 1997 en el conocido "Código Olivenza". Y así, el consejo de ministros acordó en su reunión del día 28 de febrero de 1997, la creación de una Comisión Especial para el Estudio de un Código Ético de los Consejos de Administración de las Sociedades. Nacía así la Comisión Olivenza con un doble encargo: redactar un informe sobre la problemática de los consejos de administración de las sociedades que cotizan en bolsa (Informe sobre el Consejo de Administración); y, en segundo lugar, elaborar un Código de Buen Gobierno de asunción voluntaria por parte de dichas empresas. La finalidad de ambos documentos era la de dar respuesta a una creciente demanda de mayores cotas de eficacia, agilidad, responsabilidad y transparencia en la gestión, en aras a una más elevada credibilidad y una mejor defensa de los intereses de los accionistas; en suma hacer que los consejos sean auténticos dinamizadores de la vida de la empresa.

Estos Códigos a seguir por los administradores societarios marcan unas pautas de actuación donde priman la transparencia en la gestión, lo que en este caso se ha omitido, dado que de la prueba practicada se ha evidenciado que el socio italiano desconocía la actuación del recurrente, y es precisamente el conocimiento tardío de lo que estaba ocurriendo lo que determina los plazos de maniobra de los que dispuso el recurrente, con el fin de llevar a cabo los actos de apropiación.

Junto con este Código Olivenza, fue capital para el buen gobierno de la administración en las empresas la introducción de los programas de *compliance* en las mismas, que evitarían casos como el que aquí ha ocurrido, ya que el control interno en las empresas se implementaría mediante la técnica anglosajona del *compliance programe*, como conjunto de normas de carácter interno, establecidas en la empresa a iniciativa del órgano de administración con la finalidad de implementar en ella un modelo de organización y gestión eficaz e idóneo que le permita mitigar el riesgo de la comisión de delitos y exonerar a la empresa y, en su caso, al órgano de administración, de la responsabilidad penal de los delitos cometidos por sus directivos y empleados.

De haber existido un adecuado programa de cumplimiento normativo, casos como el aquí ocurrido se darían con mayor dificultad, ya que en la mayoría de los supuestos el conocimiento de actividades como las aquí declaradas, probadas de apropiación de fondos y de abuso de gestión, no se hubieran dado, y no habría que esperar a que en este caso hubiera tenido que intervenir la agencia tributaria para, detectando el fraude fiscal que existía con el carbón importado, acabaran por descubrirse las apropiaciones realizadas por el recurrente como resulta de la prueba practicada frente a la oposición valorativa del recurrente.

De ahí la importancia de que en las sociedades mercantiles se implanten estos programas de cumplimiento normativo, no solo para evitar la derivación de la responsabilidad penal a la empresa en los casos de delitos cometidos por directivos y empleados, que serían los casos de ilícitos penales *ad extra* (aquellos en los que los perjudicados son terceros/acreedores), son sujetos pasivos por delitos tales como estafas, alzamientos de bienes, etc, sino también, y en lo que afecta al supuesto ahora analizado, para evitar la comisión de los delitos de apropiación indebida y administración desleal, es decir, *ad intra.*

Estos últimos, aunque no derivan la responsabilidad penal a la empresa por no estar reconocido como tales en sus preceptos esta derivación y ser *ad intra,* sí que permiten obstaculizar la comisión de delitos como los aquí cometidos por los administradores, que no dan rendición pautada de cuentas a sus socios o administradores solidarios, y que cometen irregularidades, que en algunos casos —como los aquí ocurridos— son constitutivos de ilícitos penales. Y ello sin que sea asumible y admisible que una redacción de un documento público como las escrituras públicas citadas por el recurrente puedan hacer desaparecer la existencia de los ilícitos penales cometidos.

Por todo ello, una buena praxis corporativa en la empresa es la de implementar estos programas de cumplimiento normativo que garanticen que este tipo de hechos no se cometan, o dificulten las acciones continuadas de distracción de dinero o abusos de funciones, que un buen programa de cumplimiento normativo hubiera detectado de inmediato.

Incluso estas actuaciones de ilícitos penales como los aquí cometidos pueden dar lugar a la existencia de responsabilidad civil, que en el caso de que se tratara de hechos *ad extra* o cometidos frente a terceros, y no frente al patrimonio de la sociedad, haría nacer una responsabilidad civil con cargo a la empresa por la vía del art. 120. 4º CP , que podría estar cubierta por las pólizas de seguro de responsabilidad civil que suelen contratarse para cubrir estas eventualidades. Pólizas estas que, al mismo tiempo, podrían exigir la constitución de los programas de cumplimiento normativo para aminorar o reducir el riesgo de la aparición de ese deber de indemnizar la aseguradora como consecuencia del aseguramiento de la responsabilidad civil.

Al menos, es evidente que el programa de cumplimiento, lo que traslada al administrador societario que tiene en mente realizar este tipo de conductas, es saber la existencia de un control como en el caso aquí analizado, y que es lo que propició los actos de apropiación y de administración desleal declarados probados, pese a que el recurrente pretenda justificar tales extracciones en alegaciones de todo punto rechazables por inconsistentes.

Además, la actuación del recurrente basada en los hechos probados por el mismo, se ha alejado no solo de los parámetros exigidos por los códigos de buen gobierno *ad intra*, sino también de la normativa que ya fijó el art 225 del Real Decreto Legislativo 1/2010, de 2 de julio, por el que se aprueba el texto refundido de la Ley de Sociedades de Capital que lleva por rúbrica Deber General de Diligencia, y que señala que:

1. Los administradores deberán desempeñar el cargo y cumplir los deberes impuestos por las leyes y los estatutos con la diligencia de un ordenado empresario, teniendo en cuenta la naturaleza del cargo y las funciones atribuidas a cada uno de ellos.

2. Los administradores deberán tener la dedicación adecuada y adoptarán las medidas precisas para la buena dirección y el control de la sociedad.

3. En el desempeño de sus funciones, el administrador tiene el deber de exigir y el derecho de recabar de la sociedad la información adecuada y necesaria que le sirva para el cumplimiento de sus obligaciones.

También se introdujo con la Ley 31/2014, de 3 de diciembre, por la que se modifica la Ley de Sociedades de Capital para la mejora del gobierno corporativo la nueva redacción del Artículo 227 que lleva por rúbrica el Deber de Lealtad y que añade, en cuanto a las obligaciones de los administradores societarios, que:

1. Los administradores deberán desempeñar el cargo con la lealtad de un fiel representante, obrando de buena fe y en el mejor interés de la sociedad.

2. La infracción del deber de lealtad determinará no solo la obligación de indemnizar el daño causado al patrimonio social, sino también la de devolver a la sociedad el enriquecimiento injusto obtenido por el administrador.

Y en cuanto a la comisión de delitos de apropiación indebida y administración desleal también la Ley 31/2014 redactó el art. 228, fijando las conocidas como obligaciones básicas derivadas del deber de lealtad, mediante una exposición secuenciada de cómo se traducía ese conocido como "deber de lealtad" que deben tener los administradores con respecto a su empresa; deber de lealtad que, a tenor de los hechos probados, en este caso no ha existido por las acciones de apropiación y por el abuso de funciones aquí probado, pese al distinto parecer del recurrente con los hechos probados.

Así las cosas, entre estos deberes está en lo que en este caso nos atañe.

En particular, el deber de lealtad obliga al administrador a:

a. No ejercitar sus facultades con fines distintos de aquellos para los que le han sido concedidas.
d. Desempeñar sus funciones bajo el principio de responsabilidad personal con libertad de criterio o juicio e independencia respecto de instrucciones y vinculaciones de terceros.
e. Adoptar las medidas necesarias para evitar incurrir en situaciones en las que sus intereses, sean por cuenta propia o ajena, puedan entrar en conflicto con el interés social y con sus deberes para con la sociedad.

Clave es también en este caso el Art. 229 de la citada norma, también redactado por la Ley 31/2014 que lleva por rúbrica y que es directamente aplicable en estos casos, ya que se recoge que:

1. En particular, el deber de evitar situaciones de conflicto de interés a que se refiere la letra e) del artículo 228 anterior obliga al administrador a abstenerse de:

a. Realizar transacciones con la sociedad, excepto que se trate de operaciones ordinarias, hechas en condiciones estándar para los clientes y de escasa relevancia, entendiendo por tales aquellas cuya información no sea necesaria para expresar la imagen fiel del patrimonio, de la situación financiera y de los resultados de la entidad.

b. Utilizar el nombre de la sociedad o invocar su condición de administrador para influir indebidamente en la realización de operaciones privadas.

c. Hacer uso de los activos sociales, incluida la información confidencial de la compañía, con fines privados.

d. Aprovecharse de las oportunidades de negocio de la sociedad.

e. Obtener ventajas o remuneraciones de terceros distintos de la sociedad y su grupo asociadas al desempeño de su cargo, salvo que se trate de atenciones de mera cortesía.

f. Desarrollar actividades por cuenta propia o cuenta ajena que entrañen una competencia efectiva, sea actual o potencial, con la sociedad, o que de cualquier otro modo le sitúen en un conflicto permanente con los intereses de la sociedad.

2. Las previsiones anteriores serán de aplicación también en el caso de que el beneficiario de los actos o de las actividades prohibidas sea una persona vinculada al administrador.

3. En todo caso, los administradores deberán comunicar a los demás administradores y, en su caso al consejo de administración, o tratándose de un administrador único, a la junta general, cualquier situación de conflicto, directo o indirecto, que ellos o personas vinculadas a ellos pudieran tener con el interés de la sociedad. Las situaciones de conflicto de interés en que incurran los administradores serán objeto de información en la memoria a que se refiere el artículo 259.

Por ello, la declaración de hechos probados y la valoración probatoria evidencian el grave incumplimiento del recurrente de lo dispuesto en el art. 229 antes citado, ya que se apropió de patrimonio social, realizó actos entrando en conflicto con la propia sociedad administrada para su beneficio con otra sociedad y con perjuicio a la sociedad, y ocultó dar cuenta al otro socio en tanto se produjo la intervención de la agencia tributaria que, aunque el recurrente niegue relación directa con los hechos, existe la misma como antes se ha especificado. Se ha vulnerado, así:

1. El deber de diligencia en el ejercicio del cargo (art. 225).
2. El deber de lealtad ante la sociedad (art. 227).

Los actos desleales del recurrente se evidencian en la declaración del socio italiano Leovigildo, ya que el recurrente tenía asignado un sueldo, al igual que su pareja y a diferencia del socio, que nada percibía por su condición de administrador solidario, siendo así que el acusado carecía de consentimiento y autorización para llevar a afecto las disposiciones y extracciones dinerarias que se detectaron en las cuentas de la sociedad sobre las que ninguna justificación había, como tampoco en relación con los gastos adicionales ni la domiciliación de los gastos personales.

Además, frente al alegato de la "autorización" resulta evidente que no existe esta con respecto a actos de apropiación, sino que el cargo gerencial del recurrente excluye taxativamente, porque viola y vulnera los preceptos societarios antes expuestos introducidos expresamente por la Ley 31/2014 en el Real Decreto Legislativo 1/2010 de 2 de julio, por el que se aprueba el texto refundido de la Ley de Sociedades de Capital para establecer un marco obligacional a los administradores que deben cumplir, lo que en este caso, claramente, no se ha dado.

De la pericial ya citada se expone que las extracciones y disposiciones efectuadas por el recurrente no estaban justificadas en modo alguno, como tampoco las domiciliaciones de sus gastos personales, y en relación con la constitución de la garantía, señala que no aparecía en los libros.

Por otro lado, las alegaciones respecto de las extracciones y cargos son absolutamente rechazables. El recurrente señala que en lo que respecta a los 3000 euros que no se ingresan en la cuenta de la empresa, tal cantidad fue aplicada para pagar las horas extraordinarias de los trabajadores de la empresa e invitaciones de la empresa a modo de "gastos de representación", sin que se apropiara de cantidad alguna.

En relación con sus gastos personales con cargo a la empresa, manifiesta que se llevaron a efecto con pleno conocimiento y autorización de Leovigildo, matizando, en relación con el abono de las cuotas al partido político [...], que respondió a la conveniencia de "llevarse bien" con los responsables del Puerto de [...], y en relación al abono del [...], señala que fue un regalo para los clientes de la empresa. Asimismo, manifiesta que dado que residía en León, lo que obligaba a desplazarse a Avilés, convino con Leovigildo que se le reembolsase mensualmente la suma de 1000 euros. Insiste en que de todo tenía conocimiento Leovigildo, tratándose de gastos a la vista que eran comprobados por este, dada su condición de economista.

Todas estas alegaciones no tienen aval probatorio que lo corrobore y son negadas por el socio italiano, que niega que tuviera una autorización para realizar actos como los que aquí constan, que no tienen cobertura jurídica alguna ni son habituales en la práctica de una empresa que se rija por los Códigos de Buen Gobierno y en donde el administrador o administradores cumplan con la normativa antes citada del Real Decreto Legislativo 1/2010 de 2 de julio, medidas que en este caso el recurrente no cumplió debidamente alejándose palmariamente de ellas. [...].

Además, de haber existido un adecuado programa de cumplimiento normativo externalizado, no se habrían dado estas circunstancias, o de haberse producido se habrían detectado de inmediato. Lejos de ello, la ausencia de un control adecuado y de una vigilancia *ad intra* por profesionales *compliance officer* no hubiera dado lugar al estado actual de la cuestión con perjuicios evaluables y el recurrente renunciando a sus cargos en las escrituras, que refirió que no tienen otro efecto más allá de una voluntaria desvinculación de la sociedad, pero sin efectos exoneratorios de responsabilidad penal.

Para resumir la parte que posiblemente os haya resultado más pesada o lenta —puesto que, aunque he intentado ser eminentemente práctica, soy consciente de que es un tema amplio, desconocido aún, pero que una vez entrado en contacto con él y entendida toda su importancia, puede ser un tema bonito sobre el que muchos de vosotros estaréis dispuestos a aprender en detalle—, lo que he querido dejar claro es que la importancia del cumplimiento normativo o *compliance* es importante, tanto en grandes empresas como puede ser un club de fútbol, como en grandes bancos, pero también en pequeñas empresas de barrio donde, a pesar de ser pequeñas, se puede mover una gran cantidad de dinero, como puede ser una empresa dedicada a la compra venta de oro.

No subestiméis la importancia de intentar tener la legalidad de vuestra empresa controlada, ya que, aunque finalmente se haya cometido el delito por parte de alguno de vuestros empleados o compañeros, el hecho de probar que ha habido un ánimo a nivel empresarial de que no se cometa os podrá sacar de la mencionada problemática de tener que cerrar vuestra empresa o haceros cargo de importantes multas, con todo lo que ello conlleva.

¡Ánimo y a proteger vuestra empresa!

**NOTA**

Algunas de estas sentencias pueden no ser definitivas ya que son apelables y pueden haber sido recurridas.